Down Under

Reisedokumentation über
eine Australien Rundreise 2006

G´Day Mates. How´re ya goin´ ?

-

Fine thanks.

Where´d ya come from?

-

I´m coming from Germany.

Wow, ya make a long trip. Ya like Australia?

-

Yes, I like Australia very much.

Nice t´have ya here
in our beautiful country.

Well, sit down, relax, enjoy
and have a nice time.

Herstellung und Verlag: Books on Demand GmbH, Norderstedt.
ISBN 978-383 913 2241

Bibliografische Information der Deutschen Nationalbibliothek
Die Deutsche Nationalbibliothek verzeichnet diese Publikation in der
Deutschen Nationalbibliografie; detaillierte bibliografische Daten
sind im Internet über http://dnb.d-nb.de abrufbar.

Inhaltsverzeichnis

Vorwort

Als ich das Manuskript zu diesem Buch der Person meines Vertrauens zu lesen gab, wurde mir zwar nicht gerade zu verstehen gegeben, ich sollte es besser lassen, aber ich musste mich auseinandersetzen mit der Äußerung, manche hätten doch einen sehr hohen Anspruch beim Lesen eines Buches, wenn man denn schon einmal ein Buch lesen würde.
Und das, was ich meiner Leserschaft in spe im Folgenden zumuten würde, wäre wohl nicht das, was man von einem Buch erwartet.

So, da saß ich nun, glücklicherweise saß ich, nein, ich lag sogar – auf meinem Bett und lauschte andächtig oder erschrocken dem, was mir da per Telefon zwar lieb, aber sehr direkt ins Ohr geflüstert wurde.

Bitte stellen Sie sich das einmal bildlich vor. Man ist stolz, sein erstes Buch zumindest im Groben verfasst zu haben. Auch wenn es gar kein Buch werden sollte. Der Inhalt dieses Buches besteht aus Reiseaufzeichnungen, ein Reisetagebuch, Formulierungen über Gedanken, Erinnerungen unmittelbar im Anschluss an das Erlebte. Mal ein paar Stunden später aufgeschrieben, vielleicht auch einmal einen Tag später.
Ich war sehr sicher, dass auf dieser Reise sehr viele Informationen auf mich einstürmten. Das musste einfach dokumentiert werden, damit man hinterher überhaupt noch etwas rekapitulieren konnte.
Schließlich bereiste ich einen Kontinent, einen ganzen Kontinent.
Einen Kontinent, in dem schließlich ganz Europa mitsamt allen ein- und umschließenden Wassermassen mühelos Platz findet. Oder ein Kontinent, der so groß ist wie alle amerikanischen Bundesstaaten zusammen. Auch wenn auf diesem Kontinent nur knapp 23 Millionen Menschen leben, ist dieser sehr facetten- und kontrastreich.

Da lag ich nun auf meinem Bett und dachte nach, auf welchem Weg ich mein Vorhaben am besten entsorge. Doch ich entschied mich dagegen. Denn zum Einen ist es kein Buch im herkömmlichen Sinn.

Die 6 Jahreszeiten der australischen Ureinwohner

Es soll weder ein Reiseführer, noch ein Nachschlagewerk oder gar ein Ratgeber sein mit dem Motto, wie bereise ich am besten diesen kleinsten Kontinent unserer Erde. Zum Anderen ist es auch kein Bildband, wo die schönsten Aufnahmen aneinander gereiht sind.

Nein, es sind die Gedanken eines Reisenden. Die bebilderten Gedanken eines Menschen, der sich selbst einen Lebenstraum erfüllt hat. Den Traum seit frühester Jugend, nach Australien zu reisen, um genau das Erlebte zu erleben. Um danach unmittelbar seine Gedanken, seine Gefühle und seine Eindrücke niederzuschreiben.

Es ist kein episches Werk für die Ewigkeit, der Autor erwartet keine Nennung für einen Literaturpreis. Es sind lediglich Gedanken, manchmal unvollständige Sätze, an einigen Stellen für Uneingeweihte vielleicht sogar holprig zu lesen. Der Autor hat sich ganz bewusst und im Vollbesitz seiner möglicherweise nur eingeschränkten geistigen Fähigkeiten genau dazu entschieden, das Buch so zu formulieren und nicht anders.

Die Person, die ich übrigens über alles schätze und liebe, soll mir bitte nicht böse sein, wenn ich mich über ihre Warnungen und gut gemeinten Ratschläge nicht grundsätzlich, aber rigoros hinwegsetze. Und – gehorsam wie ich nun mal bin, habe ich einige Formulierungen noch einmal überarbeitet.

Und wer immer noch nicht hinreichend gewarnt ist, dem kann ich nun auch nicht mehr helfen. Ich wünsche dennoch jedem, der sich über das Vorwort hinweg auf die einzelnen Kapitel stürzt, sehr viel Vergnügen und möglichst viel Spaß beim Lesen. Ich fühle mich sehr geehrt und freue mich über jeden, der nur ein einziges Mal beim Lesen dieser Seiten lächelt.

Gewidmet meiner schärfsten Kritikerin:

Traumzeit vor meiner Traumzeit !

Sa, 5. Aug 06   **1.Tag**

Anreise

Obwohl ich meine, alles gut vorbereitet zu haben, ist es dann doch noch stressig. Eine Kollegin, netterweise meine „nebenberufliche Chauffeuse", kommt eine Stunde zu früh zum Taxi spielen und so bin ich noch nicht mit dem Haushalt fertig.
Glücklicherweise habe ich mir (ich kenn´ mich ja schon etwas länger!) ein kleines Zeitpolster eingerechnet, so dass ich wenigstens den ICE rechtzeitig erreiche.
Die Deppen von der Bahn haben jedoch die Wagennummern auf dem Plan falsch herum eingezeichnet. Deshalb darf ich mitsamt Gepäck durch den engen Gang des ganzen Zuges von Wagen 28 nach Wagen 21, um zu meinem reservierten Sitzplatz zu gelangen. Das geht schon mal prima los.

So sitze ich nass geschwitzt, aber (hoffentlich!) mit allem Gepäck pünktlich im Zug nach Frankfurt/Fernbahnhof. Der Check In verläuft normal bis auf die Tatsache, dass meine Wanderschuhe, die ich aus Gründen der Gepäckverminderung im Hochsommer an den Füßen trage, und auch mein kleines Multimediagerät, auf Sprengstoffreste untersucht wurden. Ausnahmsweise habe ich diesmal nichts dabei, daher komme ich locker durch die Sperren.

So, 6. Aug 06   **2. Tag**

Anreise

Ganze 2 h soll der Zwischenstopp in Singapur dauern. Insgesamt ist das schon ein langer Flug. Als ich schon keine Lust mehr habe, noch länger still in dem engen Sitz zu hocken, merke ich beim Blick auf die Uhr, dass es immer noch mehr als 4 Stunden bis Singapur sind. Das ist ungefähr die Flugzeit auf die Kanaren, also die längste Strecke, die ich bisher geflogen bin.

Mein Sitzplatz ist genau an der Bordküche. Hier merkt man, wie viel die Flugbegleiter in so einem großen Flieger zu tun haben. Ich weiß nicht, wie oft zur Vorbereitung einer einzigen Mahlzeit die verschiedenen Klappen geöffnet und wieder geschlossen und verriegelt werden müssen. Sonst könnte das -2*-Sterne Menü ja sprichwörtlich bei einem Luftloch zum Flugmenü werden.

Mo, 7. Aug 06   3. Tag

Ankunft in Sydney

Gleiches Flugzeug, also Boeing 747-400, zu der Zeit noch größtes Passagierflugzeug mit ca. 350 Passagieren, gleicher Sitzplatz, neue Crew, Flug verläuft absolut planmäßig, bis auf die Landung. Wir müssen für sage und schreibe 50 Minuten in die Warteschleife. Vermutlich wegen ungünstiger Winde. So muss die Maschine von Sydney Stadt aus landen, das geht erst ab 6:00 Uhr, weil Teile der Stadt überflogen werden. Das sagt man uns so aber nicht. Es ist schon ein komisches Gefühl, 23 Stunden zu fliegen, aber zwei Nächte in der Luft zu sein.

Sicherheit geht in Sydney und bei Quantas über alles. Es werden mindestens 2 Sicherheitschecks gemacht. Am Airport muss jeder eine Incoming-Card ausfüllen. Man muss angeben, was man alles einführt, sogar den Schmutz an den Schuhen, und Angaben zu seiner Person machen. Vor der Personenkontrolle muss man sich in einer Warteschleife hintereinander stellen und zwei Polizisten wandern mit einem Schnüffelhund an einem vorbei, bevor man dann noch eingehend auf seine Angaben hin überprüft wird. Gibt man etwas nicht an und wird „erwischt", drohen sehr drastische Strafen.

Die Entfernung vom Flughafen bis ins Hotel „The Menzies" beträgt ca. 14 km. Man fährt durch einige Vororte, dann durch Chinatown, über Churchhill und ist nur 200 – 250 m Luftlinie von der Oper weg. Ein guter Ausgangspunkt.

Leider ist das Wetter ziemlich feucht und trist. Eigentlich optimal, um ins Aquarium zu gehen. Zunächst einmal eine Dusche, rasieren und die Zähne reinigen. Ich glaube wie ein Urochse zu stinken, vielleicht bin ich ja schon einer. Ich wollte eigentlich sofort ins Getümmel mit den Sydneysidern, habe nun aber doch nach einem Zimmer gefragt und habe, wenn ich das australisch-englische Getuschel zwischen Chefportier und der Dame am Empfang richtig verstanden habe, sogar einen Sonderpreis bewilligt bekommen. Mal sehen, ob´s stimmt.

Nach dem Duschen (ich bin wie neugeboren!) habe ich die Wäsche von der Reise gewaschen, besser ist besser.

Sydney - Blick vom Bot. Garten auf Oper und Harbour Bridge

Anschließend visit tour on my own. Voller Tatendrang mache ich mich auf den Weg. Nach ein paar Orientierungsproblemen meinerseits kommt jetzt doch hin und wieder die Sonne durch. Daraufhin beschließe ich kurzfristig eine Änderung meines Programms und fahre auf den Sydney Tower (Höhe 305 m).

Nach einer kurzen Suche nach dem Eingang heißt es wieder einmal Anstellen. Zunächst beim Ticket-Verkauf. Dann bei der Sicherheitsüberprüfung (!), dann vor den Aufzügen.

Der Aufzug fährt die 260 m erstaunlich schnell und dennoch ohne Rucken oder flauem Bauchgefühl. Normalerweise schwankt der Turm 50-70cm, an stürmischen Tagen 3-4 Meter.

Die Aussicht ist fantastisch, auch wenn die Blue Mountains heute nicht zu sehen sind. Aber der Naturhafen, die Harbour Bridge (von den Aussies liebevoll Coat Hanger also Kleiderbügel genannt), die Oper, das Olympia-Gelände von 2000 und die ganze Stadt liegen einem zu Füßen. Ich renne mindestens dreimal die 360 Grad Rundumsicht, um zu filmen und zu fotografieren. Nebenbei fange ich noch Gesprächsfetzen von mindestens 30 verschiedenen Sprachen auf.

Den OzTrek, ein 3D Kino, schenke ich mir. Dort soll es zwar tolle Effekte geben, aber ich möchte lieber mehr von der Stadt sehen.

An jeder Straßenecke gibt es neue An- und Aussichten. Markant sind für mich der stete Wechsel und das Miteinander zwischen Alt und Neu. Immer wieder sieht man alte Gebäude, die stolz zwischen den hochragenden Wolkenkratzern ihren Platz behaupten und wie Felsen in der Brandung wirken.

High Noon wird es auf einmal richtig lebendig. Vorher waren überwiegend Touris aus aller Welt zu sehen und zu hören, nun kommen die Sydneysider aus ihren Büros und Geschäften, um die mittäglichen Aktivitäten zu erledigen. Lunch, kleine Einkäufe, Gespräche mit den Kollegen oder ein schnelles Handytelefonat. Oder man joggt in der Mittagszeit. Sieht lustig in dieser Metropole aus, aber die Aussies sind wohl wirklich sportverrückt und ich sollte mir ein Beispiel an ihnen nehmen. Mir scheint der Prozentsatz von Asiaten an der Gesamtbevölkerung recht hoch zu sein (beim Quantas-Flugpersonal war mir das bereits aufgefallen).

Danach mache ich mich auf den Weg zum Aquarium. Nach dem Kauf einer Flasche Wasser klappt es mit der Orientierung schon viel besser. Zunächst bin ich vom Aquarium ein wenig enttäuscht. Es scheint mir wie jedes andere Aquarium auf der Welt zu sein. Viele einzelne kleinere und größere Aquarienbecken. OK, speziell auf die Vorkommnisse dieses Kontinents abgestimmt. Obwohl das Schnabeltier auf Plakatwänden erklärt wird, ein lebendes Exemplar habe ich nicht gesehen. Die erste Unterwasserwelt, ein Robbenbecken ist bis auf ein einziges Exemplar leer. Nach dem Tunnel wandert man nach oben. Dort sehe ich den Grund. Alle anderen (ganze 2) machen gerade Siesta. Ist das nicht eine Besonderheit der Spanier? Schon gut, ich bin im Melting Pot in Sydney.

So ziemlich zum Schluss gelangt man zum Great Barrier Reef Oceanarium. Das ist schlicht der Hammer. Ich wusste gar nicht, wie viele verschiedene Arten von Haien es gibt und vor allem, auf welch engem Lebensraum diese sich nebeneinander tolerieren. Auch viele andere Fischarten schwimmen in diesem Becken. Man scheint mitten unter diesen Fischen zu stehen. Das ist grandios, doch welch ein Prachtmenü wartet auf die Haie, sollten die Tunnelwände dem Druck nicht mehr standhalten.

Hinterher meldet sich mein Magen vehement. Nachdem dieser etwas zu tun bekommen hat, dauert es nicht lange, bis sich die Müdigkeit massiv in mir breit macht. Doch die muss ich jetzt verdrängen. Das Treffen der Reisegesellschaft und der Reiseleitung steht an. Also zurück zum Hotel, kurz frisch gemacht, die Fotoausrüstung in eine leichte Tasche umgepackt. (Den Rucksack mit seinen 10 kg bin ich für heute leid.) und runter ins Foyer. Erfreulicherweise ist die Gesellschaft mit zwölf Leuten relativ klein. Die Reiseleiterin ist eine Dame mit großer Lebenserfahrung, geboren in München, jung nach Kanada ausgewandert und seit vielen Jahren in Australien lebend.
Die gemeinsame Schiffsfahrt mit Dinner ist nett, aber ich kann leider viel zu wenig fotografieren. Die Reisegesellschaft wird bis zum Uluru aus 12 Leuten bestehen bleiben, dann kommen weitere 13 Leute hinzu und ab Cairns werden es wieder 8 Leute weniger sein. Könnte schlimmer sein.

Folks, I´m in Australia. Unbelievable!

Di, 8. Aug 06   4. Tag

Sydney

Das Frühstück um 8:00 Uhr ist gut und vielseitig, aber nicht mit einem Buffetfrühstück bei einem Cluburlaub zu vergleichen.

Anschließend geht's auf eine Stadtrundfahrt per Bus. Es ist ein Vorgeschmack darauf, dass wir ein Riesenprogramm bewältigen wollen und alles dementsprechend zeitlich gedrängt sein wird. Die Rundfahrt dauert knapp 4 Stunden und führt durch die Hauptstadtteile, angefangen vom Zentrum über Kings Cross, Darling Harbour, Paddington, Manly bis hinaus nach Bondi Beach. Die Brandung dort ist echt beeindruckend. Vorher waren wir noch im Botanischen Garten.

Die Stadt hat schon Klasse. Ich möchte mir so viel näher anschauen, aber es fehlt die Zeit. Mittags geht's zurück zum Hotel. Kurz frisch gemacht und los geht's wieder auf eigene Faust. Das Wetter ist heute riesig. Was die Sydneysider Winter nennen, ist bei uns ein sonniger Tag im späten Frühjahr.

Ich mache einen Ausflug mit der Fähre zum Taronga Zoo. Die präsentierte Tierwelt haut mich nicht gerade vom Hocker, weil ein riesiges Areal gerade umgebaut wird, aber die Anlage des Zoos ist fantastisch. Man sollte sich mit einer Cable Car zum oberen Eingang des Zoos liften lassen und wandert von der Spitze des Hügels nach unten. Die Anlage ist nach Erdteilen geordnet.

Toll finde ich dagegen, dass man immer wieder von den verschiedensten Punkten wunderschöne Ausblicke auf die Stadt bekommt. Die Oper und die Harbour Bridge drängen sich immer wieder ins Auge. Es sieht jedoch jedesmal anders und nicht weniger faszinierend aus.

Ich bin mit zwei älteren Damen aus der Reisegruppe unterwegs, wir haben uns um 18 Uhr nachmittags an der Fähre verabredet. Ist aber Quatsch, weil es erstens um 18 Uhr bereits dunkel wird, zum anderen der Zoo auch schon um 17 Uhr schließt. Geht aber alles gut aus, wir treffen uns um 18 Uhr am Circular Quay wieder.

Oper und Harbour Bridge erblickt man immer wieder

Da ich schon um 16:30 Uhr wieder mit der Fähre zurückfahre, habe ich noch Zeit für einen Abstecher zur Oper. Von nahem ist die Architektur noch beeindruckender als von weitem. Die Außenhaut des Gebäudes besteht aus schmutzabweisenden Fliesen.
Außerdem kann ich die Abendstimmung von dort aus genießen.

Sydney, Hauptstadt des Bundesstaates New South Wales, hat ca. 4,5 Millionen. Einwohner, in der Metropol Region leben ca. 6 - 7 Millionen Menschen.
Port Jackson ist der größte Naturhafen der Welt, erstreckt sich über eine Länge von 19 km und umfasst eine Fläche von 50 qkm.
DAS Wahrzeichen Sydneys ist das von Jørn Utzon erbaute muschel- oder segelförmige Opernhaus – nach Utzons eigener Aussage dem Entfalten einer Orange nachempfunden – sowie die weltberühmte Hafenbrücke. Jørn Utzon hat "seine" Oper nie im fertigen Zustand gesehen. Nachdem die Geldmittel für die Oper gekürzt werden sollten, reiste er ab. Die Oper wurde danach mit einer eigenen

Lotterie finanziert. Heute ist die Oper der beliebteste touristische Anziehungspunkt und liegt gleich neben dem bekannten Botanischen Garten.

Sydneys Zentrum ist gut überschaubar und prima zu Fuß zu erschließen. Neben dem Opera House und der Harbour Bridge ist vor allem die Altstadt "The Rocks" mit den Lagerhäusern an der Bucht Sydney Cove sehenswert. Direkt am Circular Quay, der Zentralstation für Bus, Bahn und vor allem die Hafenfähren, grenzt der riesige Royal Botanic Gardens, in dessen Umkreis sich mehrere interessante Museen befinden.
Sehenswert ist auch der im viktorianischen Stil gehaltene Stadtteil Paddington östlich der City, der angrenzende Amüsierdistrikt Kings Cross. Die vielen Strände der Stadt sind u. a. für Surfer riesige Attraktionen. Am Bondi Beach und am Manly Beach kann man die Zunge von menschlichen Wasserratten förmlich schnalzen hören.

Die Harbour Bridge wurde am 18.03.1932 eingeweiht. Die Spannweite beträgt 495,6 m und ist damit eine der längsten Bogenbrücken der Welt. Einen der 4 Pylonen kann man besteigen oder wer den Kick braucht, kann eine geführte Besteigung am Seil auf einen der beiden Stahlbögen (Bridge Climb) machen.
Nachdem wir Drei uns wieder getroffen haben, suchen wir uns eine Tankstelle fürs leibliche Wohl. Das Essen ist recht lecker, aber weltstadtgemäß teuer. Halt sydneymäßig.
Danach gehen wir zurück ins Hotel. Morgen früh verlassen wir bereits Sydney und fliegen nach Melbourne. Geweckt wird um 6:45 Uhr. Frühstück ist um 7:30 Uhr. Dann muss der Koffer bereits vor der Türe stehen. Wie schon mal erwähnt, viel Zeit bleibt nicht. Und sehr, sehr schade, dass ich Sydney schon wieder verlassen muss.

Damn, I wanna stay 3 or 4 more days, but race is goin´ on.

Sonnenuntergang an der Oper

Mi, 9. Aug 06   **5. Tag**   **706 km**

nach Melbourne

Ich wache gegen 6:00 Uhr auf. Es bleibt noch Zeit, die Eindrücke von gestern niederzuschreiben. Als der Weckruf kommt, raus aus den Federn und rein in die Waschstraße. Anziehen, Kofferpacken, Koffer vor die Türe, alles hat pünktlich geklappt. Vor dem Frühstück checke ich noch schnell aus. ‹Freu›, ich brauche für den ersten Morgen nichts zu bezahlen.

8:10 Uhr im Foyer des Hotels, alle sind pünktlich! Raus an den Bus, Koffer identifizieren, Koffer eingeladen, rein in den Bus und – der Bus startet nicht. Der Anlasser streikt … ist meine Diagnose. Der Busfahrer versucht alles, nichts zu machen, selbst ein Anschiebversuch auf leicht abschüssiger Straße mit zwei Kollegen misslingt. 20 bange Minuten, dann ist ein Ersatzbus da und wir können uns in die Rush Hour stürzen. Unsere Reiseleiterin versucht verzweifelt, dass wir trotzdem noch unsere Maschine entern können. Um 9:40 Uhr sind wir endlich am Flughafen, um 10:15 Uhr startet die Boeing 737 (Virgin Blue) mit etwas Verspätung (nicht wegen uns) nach Melbourne.

In Melbourne lernen wir unseren ersten Busfahrer Peter kennen, der uns bis Ayers Rock fahren wird. Er macht mit uns als erstes eine Stadtrundfahrt.

Melbourne ist genau wie Sydney eine Großstadt mit mehr als 3 Millionen Einwohnern, aber das Flair ist merkwürdig provinzieller.

Dort die alles überstrahlende Metropole, mit gigantisch einmaligem Naturhafen, hier eine Stadt, die irgendwie beschaulicher wirkt, ein wenig mehr Kolonialzeit. Interessant finde ich, hier wie dort, die durchaus gelungene Kombination zwischen Alt und Neu, welche in Melbourne jedoch noch etwas ausgeprägter ist, weil einfach mehr alte Gebäude stehen blieben und weniger abgerissen wurde.

Melbourne

Zum Ende der Rundfahrt besuchen wir ein Kriegerdenkmal und einen Botanischen Garten.

Melbourne ist die Hauptstadt des Bundesstaates Victoria und ist mit knapp 3,5 Mio. Einwohnern zweitgrößte Stadt Australiens. Melbourne wurde 1837 nach dem damaligen britischen Premierminister Lord Melbourne benannt und ist das wichtigste wirtschaftliche, kulturelle und politische Zentrum Victorias. Zur Bevölkerung der Stadt gehören zahlreiche chinesische, britische, griechische, italienische, irische und vietnamesische Einwanderer. Melbourne ist außerdem ein Zentrum der jüdischen Immigration.
Die Stadt liegt am Yarra River nahe dessen Mündung in die Port-Phillip-Bucht. Gegen halb fünf sind wir am Hotel. Eigentlich möchte ich noch die Gegend erkunden, werde jedoch auf einmal sehr müde und lege mich ein wenig hin. Die nächsten Tage werden sicher recht strapaziös. Daher verschiebe ich meine Erkundungstour auf Morgen Vormittag. Nachmittags werden wir dann abgeholt, um nach Phillip Island zu fahren. Das ist der erste fakultative Ausflug.

Well, jetlag comes ´n´ goes.

Do, 10. Aug 06   6. Tag
Phillip Island

Einmal dürfen wir ausschlafen! Denkste. Wenn ich noch etwas von Melbourne sehen möchte, habe ich bis 12:30 Uhr Zeit. Dann sammeln wir uns für den Ausflug nach Phillip Island, um die kleinsten Pinguine der Welt beim allabendlichen Schauspiel ihres Landgangs zu beobachten.
Also doch den Schlaf abbrechen, duschen, frühstücken und los. Keine hundert Meter vom Hotel entfernt, bleibe ich wie angewurzelt an einer Galerie stehen. Dort stehen direkt vier Didgeridoos, wie ich

mir eins vom Design vorgestellt habe. Das sind diese klassischen Holzblasinstrumente der Aborigines. Während mir durch den Anblick noch die Beine jeden Dienst versagen, erscheint unsere Reiseleiterin Lexie. Sie meint, ich solle doch mal auf dem Queen Victoria Market schauen. Dort wären sie viel billiger, außerdem könne man hier wie dort nicht sicher sein, wo sie denn hergestellt wurden. Da Lexie auch etwas auf dem Markt kaufen möchte, wandern wir zusammen. Damit hat sich mein Plan, die Stadt noch ein wenig zu besichtigen, erneut geändert.

Der Markt ist riesengroß. Neben allerlei Unsinn, was die Welt eigentlich nicht braucht, gibt es ein hervorragendes Angebot an Obst, Gemüse und in einer großen Halle Lebensmittel wie Wurst, Käse und andere Spezialitäten. Ich finde zwar zwei Didgeridoos, die auch (wenigstens eines) wesentlich billiger als im Atelier sind.

Wallaby

Der Händler mit Aborigine Abstammung beweist auch, dass beide einen hervorragenden Klang haben. Aber erstens habe ich das Problem mit dem Transport oder eben mit der Versendung. Zweitens ist das Design nicht vergleichbar mit denen in der Galerie. Dafür finde ich noch einen Hut aus Känguru-Leder fürs Outback (ich hoffe, dass es wirklich echtes Leder ist!) und ein paar andere Mitbringsel. Preiswert scheint es auf dem Markt wirklich zu sein. Ich komme verschwitzt und außer Puste im Hotel an. Schnell auf die Toilette, trocken legen, den mitgebrachten Mittagsnack hinunter geschlungen, ein Glas Wasser hinterher gekippt und runter in die Lobby.

Warum muss eigentlich alles immer zeitlich so knapp sein? Hatte ich es nicht geahnt?

Der Ausflug nach Phillip Island ist schön. Wir halten bei fast zahmen Kängurus an, besuchen eine Koala-Forschungsstation und beobachten den besagten Landgang der kleinen Pinguine, die Penguin Parade. Es kommen zwar an diesem Tag nur ca. 25 an Land, trotzdem ist es putzig anzuschauen. Wenn sie auf dem Strand anlanden, bleiben sie zunächst sich selbst schützend im letzten Nass der Brandung stehen, um auf ein paar Artgenossen zu warten und um die Umgebung zu sichten. Irgendwann rafft sich dann einer auf und wackelt über den Strand den schützenden Büschen entgegen. Und die anderen watscheln unmittelbar hinter ihm her. Bleibt einer allein in der Brandung stehen, traut er sich über fast 10 Minuten nicht den Strand zu betreten, wo er völlig ungeschützt wäre. Doch dann ist der Drang zum Nest größer als die Vorsicht. Glücklicherweise passiert hier und heute nichts.

Unangenehm fand ich jedoch einige Menschen. Interessanterweise in erster Linie Asiaten. Man sollte meinen, dass die Besucher sich für die Natur und diese Vögel interessieren. Irgendwie habe ich da wohl falsche Vorstellungen. So ein rücksichtsloses, stures und ungeduldiges Pack habe ich selten erlebt. Nachdem die ersten beiden Gruppen von Pinguinen den Strand überquert hatten, dauerte es ihnen offenbar zu lange oder es war ihnen zu kalt oder beides oder es gab noch irgendeinen anderen unsinnigen Grund oder auch keinen. Jedenfalls hat mich dieses Verhalten sehr gestört und es würde mich nicht wundern, wenn es die Pinguine ebenfalls nicht so toll fanden und deshalb nur in so geringer Zahl an Land gingen.

Auf dem Rückweg zum Informationszentrum kann ich noch zwei Pinguine bei ihrem Marsch beobachten. Es muss für die Tiere recht anstrengend sein, trotzdem unterziehen sie sich dieser Prozedur fast jeden Tag.

Anschließend fährt uns der Busfahrer Jeff noch in einen Ort, wo wir unser Dinner einnehmen. Danach geht´s zurück nach Melbourne, wo wir gegen 22:30 Uhr am Hotel ankommen. Nun habe ich gerade wieder zusammengepackt. Morgen früh oder besser heute ist um 5:45 Uhr wecken und um 7:30 Uhr Abfahrt. Die Great Ocean Tour steht an und wir haben 11 h Fahrt vor uns.

Too old for Rock ´n´ Roll too young to die.

Fr, 11. Aug 06   7. Tag   514 km
Great Ocean Road

Hoffentlich tut es mir nicht doch noch leid, kein Didgeridoo aus dem Atelier gekauft zu haben.

Heute startet nun die eigentliche Busrundreise. Nachdem unsere Koffer in dem nigelnagelneuen Bus verstaut sind, geht's um 7:30 Uhr los. Wir verlassen Melbourne, fahren über Land, also noch nicht an der Küste Richtung Geelong. Von dort weiter nach Colac, wo wir einen kurzen Einkaufsstopp einlegen. Der Bus ist schon klasse, nur mit den technischen Einrichtungen wie Klimaanlage und vor allem dem Fernseher bzw. Videorekorder gibt's noch kleinere Probleme. Nachdem wir Colac verlassen haben, fahren wir endlich an die Küste auf die eigentliche 250 km lange Great Ocean Road. Zwischen den beiden Weltkriegen wurde die Straße von heimgekehrten Soldaten als Arbeitsbeschaffungsmaßnahme erbaut. Die malerischen Ausblicke sind fantastisch.

Das Wetter meint es für diese Jahreszeit auch gut mit uns. Hin und wieder gibt es ein wenig Sprühregen, meistens jedoch schaut aber die Sonne ein wenig zwischen den Wolken hindurch. Interessant finde ich, wenn die Sonnenstrahlen direkt auf den Kalksandstein treffen. Dann leuchtet dieser in einem goldenen Schimmer.

Es geht Schlag auf Schlag:
Twelve Apostles, Loch Ard Gorge, London Bridge, the Grotto, Bay of Martyrians, Bay of Islands. Das sind nicht alle Sehenswürdigkeiten auf der Great Ocean Road, aber mehr ist zeitlich nicht drin.

Twelve Apostles

Trotz ihres Namens bestand die Formation der "Zwölf Apostel" nur aus neun Felsen. Am 3. Juli 2005 in der Früh kollabierte einer der Apostel vor den Augen erstaunter Touristen.
Nach dem Einsturz dieses markanten Teils der Gesamtkomposition verbleiben nur noch acht der Kalksteinstrukturen. Überaus sehenswert ist aber auch die Felsformation Loch Ard Gorge und die sog. London Bridge. Der innere Bogen - die Brückenverbindung zum

Festland - stürzte am 15. Januar 1990 unerwartet ein. Zwei Touristen, welche sich zu dieser Zeit auf dem äußeren Felsen befanden und dort festsaßen, konnten unversehrt mit einem Helikopter gerettet werden.
Die Formation wurde nach dem Ereignis in London Arch umbenannt. Jedes Jahr knabbert Wasser und Wind zwei Zentimeter von der Steilküste ab. Das bedeutet, diese grandiose Küste existiert nur noch endliche Zeit.

Twelve Apostles

Bei der Weiterfahrt erreichen wir dann auch bald Warrnambol. Dahinter machen wir noch einen Abstecher in ein Tierreservat (Nationalpark Tower Hill State Game Reserve). Dort kann man Kängurus, Koalas und Emus beobachten. Laufvögel sehen wir zwar keine, aber an die anderen kommen wir richtig nah heran, obwohl sie in nahezu freier Wildbahn leben.
Eigentlich wollten wir anschließend noch den Blue Lake besuchen, doch die Dunkelheit verhindert das. So kehren wir im geplanten Motel in Mt. Gambier ein. Hier ist es recht kühl. Ich mache mich

fertig fürs Abendessen. Das ist richtig lecker. Wir sitzen an zwei verschiedenen Tischen. An unserem Tisch sitzen wir noch mit einem fruchtigen Chardonnay zusammen. So klingt mein Geburtstag angenehm aus. So, jetzt bin ich alt; komisch, ich fühl mich aber gar nicht so.

Welcome to the club, ol´ man.

London Arch

Great Ocean Road

Great Ocean Road

nach Adelaide

Von Mt. Gambier starten wir zunächst und machen einen kurzen Fotostopp am Blue Lake. Leider hat er im Moment nicht die intensive Blaufärbung, die er im Sommer bekommt. Trotzdem ist er viel blauer als ich gestern Abend nicht war.

Blue Lake

Danach fahren wir zwei weitere Aussichtspunkte an. Der erste nennt sich Backlers Lookout, den zweiten nennt man No-Name Lookout. Vor dem Mittagessen haben wir noch einen Einkaufstopp in Robe. Gegen Mittag rasten wir in Coorong und bekommen dort frisch gefangenen Coorong Mullet, einen sehr gut schmeckenden Fisch. Einfach - aber gut!
Nach der Rast kommen wir am Pink Lake vorbei. Der schimmert in der Tat rosa. Das kommt von Bakterien, die einen sogar lebens-

mitteltauglichen Farbstoff erzeugen, wobei die industriemäßige Gewinnung aber zu kostspielig ist.

Coorong

Nachmittags, kurz vor Adelaide, machen wir einen Abstecher nach Hahndorf. Dieser kleine beschauliche Ort wurde von deutschen Einwanderern erbaut. Irgendwie scheint hier die Zeit stehen geblieben zu sein. Gäbe es keine Autos, Parkplätze und sonstigen Dinge der heutigen Zeit, könnte man meinen, im 19. Jahrhundert zu sein. Man wartet fast darauf, dass eine Gruppe in schlesischen Trachten mit Menschen drin um die nächste Ecke kommt. Ich decke mich dort mit Lebensmitteln für Morgen ein.
Zum Tagesschluss fahren wir nach Adelaide, die Hauptstadt von South Australia, und erhalten noch eine kleine Stadtrundfahrt zur besseren Orientierung. 1627 kartographisierte der Holländer Peter Nyts die Küste Südaustraliens, und 1802 wurden diese Küsten dann auch erforscht, diesmal allerdings durch die Briten. Colonel William Light, Surveyor-General von Südaustralien, bestimmte am 10. Februar 1837 einen Ort ca. 10 km landeinwärts am Torrens River für

den Bau der Hauptstadt einer neuen Kolonie. Colonel Lights Weitsicht sind die breiten Straßen im Schachbrettmuster und großzügigen Parkanlagen zu verdanken.

Adelaide

Wir beziehen Logis im Hilton Adelaide. Das nenne ich mal ein Hotel. Und wir bleiben hier 3 Nächte! Eigentlich wollte ich noch einen kleinen Bummel machen und irgendwo eine Kleinigkeit essen. Ich entscheide jedoch wieder mal anders. Denn zum einen müssen wir Morgen wegen des Ausflugs nach Kangaroo Island sehr früh raus (5:15 Uhr!), zweitens nutze ich die günstige Gelegenheit zur Wäsche und drittens kann ich einen Teil von meinem Vorrat vertilgen, weil es eh zu viel für eine Mahlzeit ist. Jetzt muss die Wäsche trocknen und ich in die Koje. Wenn das so weitergeht, müssen wir uns das Schlafen noch abgewöhnen. Einige nutzen bereits das eintönige Motorgeräusch des Busses, um ein Schläfchen zu machen.

Very nice to stay, Hilton Adelade´s OK.

Kangaroo Island

Klasse, dass wir drei Nächte in Adelaide sind. Nicht unbedingt wegen der Stadt, an Melbourne kommt Adelaide nicht heran. Ganz zu schweigen von Sydney. Diese Stadt rangiert wohl eh außer Konkurrenz. Nein, es ist wegen unserer Unterkunft. Das Hilton Adelaide ist bisher das Beste der von uns besuchten Hotels/Motels. Mein Zimmer ist relativ großzügig, sprich geräumig. Es liegt im 13. Stock und bietet daher einen guten Ausblick auf den Victoria Square, eigentlich dem zentralen Platz von Adelaide. Auch das Frühstück ist ausgezeichnet, auch wenn es bisher in jedem Hotel etwas Besonderes für den verwöhnten Gaumen gab. Im Übrigen ist das australische Frühstück eher dürftig, so dass man mit dem Full Breakfast besser bedient ist, zumindest, wenn man Abwechslung liebt.

Heute ist wieder ein langer Tag. Geweckt um 5:15 Uhr, treffen wir uns schon vor 8 Uhr, um Richtung Kangaroo Island zu starten. 1,5 h bis zur Fähre, 50 Minuten für die Überfahrt, Bus ausladen und los geht's. Wie immer auch hier wieder ein straffer Zeitplan. Zuerst besuchen wir eine Eukalyptusfarm. Hier wird hauptsächlich Eukalyptus-Öl gewonnen und daraus ausschließlich naturreine Produkte hergestellt. U. a. eine, wie ich finde, hervorragende Körper- und Hautmilch. Die Haut duftet ein wenig nach dem Eukalyptus, die Haut wird zusätzlich nach der Pflege ganz weich und fühlt sich sehr geschmeidig an. Leider erlaubt mir mein jetzt schon beträchtliches Übergepäck keine weitere Mitnahme. Schade. Daneben gibt es diverse Präparate aus Emumilch, Teebaumöl und Lavendel.
Ganz zum Schluss kommt die Chefin noch mit einem 5 Monate alten Kängurubaby an, dessen Mutter überfahren wurde und man versucht nun, das Baby auf der Farm groß zu ziehen. Es fängt sofort an zu zittern, als das Baby aus dem „Ersatzbeutel" gezogen wird. Meine Güte, ist das ein süßes kleines Ding. Es hat noch kein wärmendes Fell. Gott sei Dank darf es recht schnell wieder zurück in das

Säckchen. Hoffentlich schaffen sie das schwierige Unterfangen, alle zwei Stunden muss eine Fütterung durchgeführt werden. Tag wie Nacht, noch 7 Monate lang.

Von der Eukalyptusfarm geht es schnurstracks zur Seal Bay. Da Kangaroo Island die drittgrößte australische Insel ist, ist schnurstracks relativ. Aber was ich dort erleben darf, ist meines Erachtens schon allein die ganze Reise wert. Hier liegen Seelöwen am Strand und von einem Ranger geführt darf man auf 8-10 m an die frei lebenden und ungezähmten Tiere heran. Ob die Australier eigentlich wissen, in welchem Paradies sie hier leben? Manchmal denke ich ja, manchmal denke ich eher nein. Für mich ist es jedenfalls ein Wahnsinnserlebnis.
Anschließend gibt es Mittagessen auf der Beckwriths Farm. Toll ist das Essen zwar nicht, der Hunger treibts rein, wenn man das Glück hat, keine lebendige Zugabe im Essen zu finden. Aussies scheinen in manchen Dingen echt schmerzfrei zu sein. Draußen kann man noch Wallabies, Koalas und einige Vögel beobachten. Dann geht's in den Flinders Chase NP. Ein Stück auf der Insel, welches unverändert seit seiner Entdeckung geblieben ist, wenn man von einer großflächigen Rodung mit einer anschließenden Wiederaufforstung absieht.
Innerhalb des Parks besuchen wir die Remarkable Rocks, eine Ansammlung von vom Wind und Wetter zerklüfteten Sandsteinen, die in den unterschiedlichsten Farben leuchten.
Danach zum Cape du Couedic mit seinen Leuchtturm und zu Admirals Arch. Hier rasten Seeelefanten und aalen sich in der Nachmittagssonne. Anschließend geht es schnellstmöglich wieder zurück zum Eingang des NP. Wir sind eigentlich schon etwas spät, aber Lexie hat bereits telefonisch alles klar gemacht, so dass wir wenigstens noch etwas zu trinken bekommen und ein paar Mitbringsel kaufen können.
Draußen erwartet uns noch die Überraschung von ein paar Wallabies, die relativ zahm sind und sich streicheln lassen, sogar, wenn sie Kleine im Beutel haben.
Wenn sie nicht gerade von irgendwelchen tumben Asiaten mit irgendwelchen Lauten erschreckt werden oder sogar etwas völlig

Falsches zum Fressen hingehalten bekommen. Das sind vielleicht Idioten. Nicht alle, wohlgemerkt, aber schon so viele, dass man die übliche 3 %-Marke bisweilen weit übertroffen findet. Ich bekomme langsam den Hass.

Remarkable Rocks

Abschließend geht es zurück zur Fähre. Wir haben sogar Glück, und dürfen eine Fähre früher zurück als avisiert. Grund ist eine Verspätung wegen Transport eines Fertighauses, das komplett zusammengebaut auf einem Tieflader mit der Fähre auf die Insel gelangt! Das ist schon ein Anblick: ein komplettes Haus, fertig eingedeckt mit Türen und Fenstern, auf einem Tieflader, der dann wiederum auf einer Fähre über die See schippert. Somit erreichen wir gegen 22:00 Uhr das Hotel und ich sinke todmüde, aber sehr zufrieden ins Bett.

Pure nature´s great, man.

P.S. Es gibt auch in Aussieland ein paar Idioten. Ein paar Tage später sollte ich durch Nachrichten erfahren, dass eine Handvoll Fischer in einigen Booten zur Seal Conservation Bay gefahren sind und rund 40 Tiere erschossen haben. Grund: die Seelöwen würden ihnen die letzten Fischschwärme rauben. Wer hat wohl die Fischschwärme überfischt?

Mo, 14. Aug 06   **10. Tag**
Adelaide

Heute habe ich Urlaub von der Rundreise, weil wir einen Tag zur freien Verfügung haben. Ich stehe trotzdem nicht sehr spät auf (7:00 Uhr, bin ich Grufti eigentlich noch ich?), damit der Schock Morgen (wieder 5:15 Uhr) nicht so krass wird.

Nachtblick vom Hilton Adelaide

Nach dem Frühstück mache ich mich mit der ältesten, etwas sehbehinderten Dame (69 Jahre, aber sehr rüstig) auf Stadterkundungs- und Einkaufstour. Wir streifen vormittags durch die Rundle Mall, der Fußgängerzone. Unterwegs haben wir sprichwörtlich das Geld auf der Strasse gefunden.

Outback, I´m coming.

Di, 15. Aug 06   11. Tag   838 km

nach Coober Pedy

Die rote Hölle kommt näher. Obwohl wir auch heute einen ganz langen Tag haben, ist es weniger anstrengend. In erster Linie geht es heute darum, Strecke zu machen. Es gibt nur wenige Punkte, wo es sich lohnt, zu schauen und auch Fotos zu machen. So legen wir in Port Wakefield einen technischen Stopp ein, in Port Augusta ist die letzte Möglichkeit, vor dem Outback noch Lebensmittel oder etwas zu trinken zu kaufen. Es gibt zwar auch immer etwas an den verschiedenen Tankstellen zu kaufen, aber dort ist es wesentlich teurer als bei Coles, Woolworths etc.
An verschiedenen Salzseen halten wir an. Im Wesentlichen ist es m. E. eher damit verbunden, dass die vorgeschriebenen Pausenzeiten für den Busfahrer eingehalten wurden.

So kommen wir 2,5 h nach dem letzten Halt in Coober Pedy an (die Wortschöpfung kommt von „Kupa Piti" in dortiger Aboriginesprache und bedeutet „weißer Mann im Loch"). Hier, direkt am Stuart Highway gelegen, werden die meisten Opale Australiens gefunden (80%).

Wir besichtigen eine alte Mine. Unsere in der Schweiz geborene Führerin hat vor ein paar Jahren genau wie wir eine Reise gemacht und hat hier ihren heutigen Mann kennen gelernt und ist in Coober

Pedy geblieben. Die Mine ist interessant, die junge Frau macht eine gute Führung und ist außerdem ganz hübsch. Was will man mehr? Ehrlich gesagt, hier möchte ich noch nicht einmal begraben sein. Apropos, die Wohnungen sind aus klimatischen Gründen häufig unterirdisch. Unser Hotel ist auch so angelegt. Allerdings gibt es auch überirdische Zimmer.

Modernes Opal-Schürfdenkmal in Coober Pedy

Korrektur, sie sind nicht überirdisch, sie liegen über der Erde, also am Tageslicht, wenn es nicht gerade dunkel ist. Leider habe ich ein unterirdisches Zimmer bekommen. Kein Fenster, kein Tageslicht und wenn man das Licht ausmacht, ist es stockdunkel. Aber über die Luftschächte kann man hören, was in der Bar abgeht. Schauen wir mal, wie ich das überstehe. Ich bin hundemüde und lege mich nach dem Abendessen gleich hin.

Have a good sleep, mate.

zum Uluru

Ziel ist heute Uluru! Der heilige Berg der Aborigines ist immer noch besser bekannt unter dem Namen Ayers Rock. Ein weiterer Mammuttag. Obwohl ich weiß, dass es heute ein paar Kilometer weniger sind als gestern, legen wir heute wieder ein großes Pensum zurück.

Die Nacht in Coober Pedy habe ich zwar ganz gut hinter mich gebracht (ich hatte schon Bedenken so tief unter der Erde), aber heute ist der erste Tag mit Kopfschmerzen. Außer einem Halt am Dingo-Zaun (Dingos, die australischen Wildhunde können nicht springen, daher reicht eine Höhe von 80 bis 100 cm) und zwei Haltepunkten, wo wir uns verpflegen und entleeren können, gibt es nicht viel Nennenswertes. Halt, doch! Ich habe zwei Road Trains und zwei Motorräder fotografieren können.

Road Train

Es gibt sogar hin und wieder Fahrradtouristen, die mit Fahrrädern das Outback durchqueren. Ich finde das gar nicht mal so ungefährlich, so über den Highway zu fahren. Einen Fahrradweg gibt es hier nämlich nicht. Und wenn sich zwei der mächtigen Road Trains genau auf Höhe eines Radlers begegnen, dann gute Nacht lieber Radler. Bei einem Bremsweg von 400 Metern, wohlgemerkt einer Notbremsung, werden die Trucker ganz bestimmt einen großen Bogen fahren, wenn sie noch nicht einmal Kamelen ausweichen. Na ja, ob das tot gefahrene Kamel dann ein Dromedar oder ein Trekking Biker ist, ist wohl nicht so wichtig.

Im Yulara Resort habe ich 45 Minuten Zeit, um mein Zimmer zu beziehen und mich ein wenig frisch zu machen. Dann werden einige Leute aus der Gruppe schon für einen Helikopter-Flug abgeholt. Eigentlich wollte ich mir den Uluru mit dem Heißluftballon von oben anschauen, aber das gibt´s offenbar nur im Sommer. Also darf ich mir den Heli nicht entgehen lassen.
Ein kleiner Bus bringt uns zum Flughafen. Dort angekommen, werde ich angeblafft, dass ich den Rucksack aus Platzgründen nicht mitnehmen kann. Kann ich denn aber doch, obwohl die Piloten natürlich recht haben; es ist mit 6 Personen plus Pilot schon sehr eng im Cockpit.
Wir bekommen die Mickey Mäuse (Kopfhörer), werden über die Sicherheitsvorschriften unterrichtet und dann geht's auch schon los. Zuerst starten wir Richtung Olgas. Es ist sehr interessant, die Wüstensteppe von oben zu betrachten. Die Olgas sind im Grunde genau so schön wie der Uluru, doch es geht von ihnen nicht diese magische Anziehungskraft aus wie vom heiligen Berg. Visuell liegt der Unterschied eher darin, dass es sich um scheinbar mehrere große Steinbrocken handelt, die nebeneinander liegen.

Der Uluru sieht eher wie ein einziger großer Felsen aus. Beides ist vor 600 Millionen Jahren entstanden. Über Jahrtausende der Witterung ausgesetzt, wirkt der Uluru zerklüfteter auf mich.
Viele Auswaschungen scheinen sogar unter der obersten „Haut" miteinander verbunden zu sein und brechen an vielen Stellen auf. Es

gibt unterschiedlichste Ornamente. Beide Formationen sind aus Arkosegestein und die rote Farbe kommt vom hohen Eisengehalt.

Der Flug ist zeitlich wunderbar gesteckt. Genau in dem Moment, wo wir an der Westseite vom Uluru vorbeifliegen, geht die Sonne unter, und der Stein wechselt fast sekündlich seine intensive Farbe.

Olgas aus der Luft

Anschließend geht es schnurstracks zurück zum Flughafen und dann wieder zurück ins Yulara Resort. Das ist eine Ansammlung von Hotels, Restaurants und anderen touristischen Einrichtungen wie ein Supermarkt und jede Menge Souvenirläden. Und teuer ist es hier ohne Ende. Dagegen ist Sydney fast noch ein billiger Jakob. Wenn man jedoch bedenkt, dass alles, wirklich alles, was es hier gibt und für uns Touristen absolut selbstverständlich ist, mühsam über 1500 – 2000 km herangeschafft werden muss, relativiert sich das ein wenig. Trotzdem sind die meisten von uns darüber verstimmt.

Abends nehmen die meisten von uns an einem Barbecue teil, kurz Barbie oder BBQ genannt. Das heißt, man kauft sich Fleisch, legt dieses selbst auf einen der bereit stehenden Grills, gart es, bedient sich dann selbst an den Beilagen und kann sich in einem überdachten Bereich zur Mahlzeit hinsetzen. Auf einer kleinen Bühne spielt und singt ein Alleinunterhalter und unterhält uns hauptsächlich mit Country und Folk Music, die er häufig mit ein paar Didgeridoo-Klängen untermalt. Ich finde, er macht seine Sache richtig gut.

Abendstimmung am Uluru aus der Luft

Money makes the world go around.

Do, 17. Aug 06   **13. Tag**   **120 km**

Uluru

Heute kann ich mal wieder „ausschlafen". Wecken ist um 6:30 Uhr. Um 8 Uhr werden wir, das heißt 9 von 12 Personen, mit einem kleinen Bus abgeholt und zum Uluru in den Kata Tjuta NP gefahren. Ziel ist, den Berg auf einer 9,4 km langen Wanderung zu umlaufen.

Hier kann man die einzelnen Gebilde und Vertiefungen des Berges viel genauer betrachten. Fast alle dieser „Ornamente" haben eine Bedeutung für die Ureinwohner (Dreamtime).

An einigen Stellen ist das Fotografieren verboten. Obwohl es teilweise gar nicht einfach zu erkennen ist, von wo bis wo ein solches Verbot gilt, versuche ich mich daran zu halten, selbst wenn ich dadurch die interessantesten, schönsten Stellen nicht als Erinnerung festhalten kann/darf.

Die Argumentation der Aborigines ist, dass man durch das Foto ein Stück mitnähme. Deshalb mögen sie auch nicht selbst fotografiert werden, sie verlieren mit jedem Foto ein Stück ihrer Seele.

Uluru - Durchblick Nr. 1

Für den kompletten Rundgang benötige ich ca. 3,5 h. Dieser hat sich aber wirklich gelohnt. Ich bin jedenfalls von der Atmosphäre des Berges ziemlich gefangen. Und ich habe mein Vorhaben umgesetzt und bin, entsprechend den Wünschen der Aborigenes, auch nicht auf den Berg gestiegen. Es ist zwar bestimmt kein Zuckerschlecken, wenn man die anderen Touris häufig auf allen Vieren den Aufstieg rauf- und runterkraxeln sieht. Trotzdem ist es schon extrem reizvoll, nach oben zu klettern und sich die Steppe und den Uluru, vielleicht noch die Olgas und bei richtig guter Sicht wohl auch den Mt. Conner anzusehen. Der Mt. Conner wird vom Stuart Highway aus häufig mit dem Uluru verwechselt.

Ich gehöre also zum Club der Nichtbesteiger, und ich bin ein wenig stolz darauf, dem Wunsch der Ureinwohner entsprochen zu haben! Obwohl ich Wasser dabei hatte; jetzt habe ich Durst! Kein Wunder, man verliert dort pro Stunde einen halben Liter Körperflüssigkeit.

Uluru - Durchblick Nr. 2

Nachmittags fahren wir mit unserem Bus und Lexie zu den Olgas und noch einmal zum Uluru. Sie gibt uns mehr Hintergrundinformationen und macht mit uns auch noch zwei, drei kleinere Spaziergänge. Zum Abschluss erleben wir den Sonnenuntergang um 18:27 Uhr bei einem Glas Sekt und können das fantastische Farbenspiel am Uluru bestaunen.

Anschließend geht es zurück ins Resort und eine kleine Gruppe von uns stattet einem Restaurant einen Besuch ab. Wir haben beide Male Riesenglück, weil gerade der Shuttle Bus kommt, der uns auf die jeweilig andere Seite des Resorts bringt. Das ist zwar keine Riesenstrecke, aber erstens ist es schon dunkel und zweitens soll es in dem Steppengebiet allerlei Kleingetier geben, wovon das eine oder andere entweder etwas bissig oder dem Auserwählten auch etwas Gift schenken kann. Darauf bin ich nicht scharf.

Uluru - Einblick

Übrigens sind seit heute Abend die avisierten 13 Leute dazu gekommen. Damit sind wir nun 25.

Group´s in full strength.

Olgas

Fr, 18. Aug 06   **14. Tag**   **389 km**

Kings Canyon

Sonnenaufgang am Uluru. Das bedeutet früh aufstehen. Doch so langsam gewöhne ich mich an den Rhythmus und wache bereits kurz vor 5 Uhr auf. Es geht zunächst mit dem Bus an die entsprechende Stelle, von wo aus man den Sonnenaufgang beobachten kann/darf. Die Uhrzeit für den Sonnenaufgang ist 7:11 Uhr.

Für mich ist eigentlich der Zeitbereich vor dem Sonnenaufgang die schönste Zeit. Noch bevor die Sonne über die Erdrinde schaut, kann man die Strahlenkraft bereits ahnen, während auf der anderen Seite der Mond noch leuchtet.

Kurz nach dem Sonnenaufgang scheint der Uluru zu glühen. Er leuchtet fast von innen heraus, wie glühendes Eisen. Eigentlich wäre der Blick aus dem Bus heraus noch schöner, weil man einen höheren Standort hätte. Um 7:20 Uhr ist der kleine Moment bereits Vergangenheit und wir fahren wieder los.

Nach zwei weiteren Haltepunkten direkt am Uluru, wo wir noch ein paar Erklärungen von Lexie erhalten, geht es ins Cultural Centre. Hier haben wir für meine Begriffe viel zu wenig Zeit. Es gibt ein paar Hütten, in denen Kenntnisse von und über Aborigines vermittelt werden.

Uluru - Sonnenaufgang

Doch nach einem ausgiebigen Besuch des Souvenirladens bleiben mir nur noch ein paar Minuten. Da es jedoch die CD vom Uluru nur hier geben soll, musste ich die Prioritäten natürlich entsprechend setzen. Nach dem Cultural Centre geht es zurück ins Resort zum Frühstück. Anschließend geht´s nach dem Packen direkt weiter. Obwohl wir heute nur etwas über 300 km fahren, ist der Tag gut ausgefüllt. Zunächst halten wir an einer Düne und können etwas vom roten Sand mitnehmen, der die gleiche Farbe wie im Kata Tjuta NP hat. Dort ist das natürlich verboten. Mittags halten wir an einer Kamelfarm.

Nachmittags machen wir eine Wanderung an der Kings Creek Canyon Schlucht. Anschließend fahren wir in unser heutiges Hotel, von wo ich um 17:00 Uhr bereits wieder abgeholt werde zu einem Flug über den Kings Canyon. Er dauert 15 Minuten. Auf dem Rückweg kann ich noch die Feuererbse fotografieren, sowie den Sonnenuntergang am Canyon beobachten.

Kings Canyon

Zum Abendessen gehen wir zur Abwechslung zu einem BBQ. Das Essen ist lecker. Zwei Unterhalter spielen dort Stimmungslieder und einige Touristen lassen sich zum Affen machen. Die Musik finde ich noch ganz gut, das andere eher blöd. Irgendwie muss das an der Wüstensteppe oder doch an meinem fortgeschrittenen Alter liegen, denn offenbar bin ich der Einzige, der dem Treiben etwas reserviert gegenübersitzt. Später wird dann noch ein wenig getanzt, wo sich insbesondere unser Busfahrer John als Eintänzer in Szene setzt. Mich hat er aber nicht aufgefordert. Glück gehabt! Gegen zehn Uhr merke ich die Müdigkeit in mir hochkommen und ich wandere zurück zu meiner Unterkunft. Noch ein paar

Vorbereitungen für den nächsten Tag treffen, die Ereignisse des Tages niederschreiben und dann ... - der Rest ist mittlerweile bekannt.

1st period´s gone, 2nd period´s straight ahead.

Sa, 19. Aug 06   15. Tag   491 km

nach Alice Springs

Langsam heißt es Abschied vom Outback zu nehmen. Heute führt uns der Weg nach Alice Springs. Zwischendurch machen wir zweimal Halt. Der erste ist nicht weiter erwähnenswert, eher ein technischer Stopp; Toilette, Essen und Getränke fassen. Anschließend geht's zu einer Kamelfarm. Dort wird neben dem üblichen Fastfood und Drinks Aboriginal Kunst angeboten. Die Kunstobjekte sind dort für mich nicht besonders interessant, aber ich finde ein paar Klangstöcke. Sie klingen sehr schön und haben nur gebrannte Verzierungen und nicht die meistens mehr oder weniger sorgfältig getupften Farbornamente.

Von den getupften Klangstöcken gibt es zwar auch sehr schöne, aber wenn sie wirklich sorgfältig gemacht sind, sind sie auch verständlicherweise recht teuer. Außerdem finde ich auch noch einen schönen Boomerang. Ich habe kaum noch Zeit, mir die Tiere anzuschauen. Dromedare, auf denen man reiten kann, aber keiner aus der Gruppe hat den Wunsch.
Weiterhin gibt es noch ein Lama, ein paar Kängurus und eine etwas gezähmte Dingohündin. Obwohl die Hündin total lieb aussieht, ist das Tier an einer Leine mit zusätzlicher Freilaufleine gesichert. Weiter geht's nach Alice Springs. Obwohl der Ort die „Hauptstadt im Outback" genannt wird, ist dieser eher ein beschauliches Provinzstädtchen.

Es ist zwar Samstag, ob das aber der Grund für die Leere in der Stadt ist, kann ich nicht beurteilen. Auffallend sind jedoch die vielen herumlungernden Aborigines. Sie mögen es mir verzeihen, was sie wohl nicht tun werden, aber sie wirken auf mich wie bei uns die Penner. Häufig alkoholisiert oder mit Drogen vollgestopft, liegen und sitzen sie überall herum. Wenn man einen dunkelhäutigen Aborigine laufen sieht, schaut dies häufig sehr langsam und fast gequält aus, als hätten sie Fuß- oder Beinbeschwerden. Einige lamentieren auch mehr oder weniger laut vor sich hin, versuchen teilweise, Passanten zu provozieren. Später erfahre ich, dass die Gehbeschwerden häufig von Punishment-Verfahren herrühren. Das bedeutet, die Leute sind mit dem Gesetz in Konflikt geraten bzw. haben gegen Stammesgesetze verstoßen.

Siesta in Down Under

Es wäre interessant zu erfahren, wie die Bewohner in den verbotenen Städten leben. Das sind Gemeinden für die Ureinwohner, aber man darf sie als Fremder nicht betreten, es sei denn, man wird von einem Ureinwohner eingeladen. Ich hoffe inständig, dass es den Aborigines in diesen Gemeinschaften besser geht. Auf jeden Fall ist es nicht angenehm, in Alice herum zu laufen.

Nachdem wir unsere Zimmer bezogen haben, bringt uns der Busfahrer zur Station der Royal Flying Doctor Services (RFDS). Dort wird uns ein kleiner Videofilm über die Arbeit der Ärzte gezeigt. Aus Zeitgründen entscheide ich mich für die englische Vorstellung. Es wird allerdings gar nicht so viel vermittelt. Der Film soll wohl eher Appetit auf das käuflich zu erwerbende Video/DVD machen, wo in 45 Minuten die Arbeitsweise von RFDS gezeigt wird. Nebenan gibt es noch ein kleines Museum und einen Shop. Alle Gewinne aus Eintritt, Shop und Cafe kommen dieser Institution zugute.
Es ist wirklich beeindruckend, was diese Einrichtung und vor allem ihre Mitarbeiter leisten. Allein diese Station betreut auf einem Radius von 600 km rund um Alice Springs ca. 60.000 Menschen. Für viele ist dies die einzige ärztliche Versorgung. Diese Station besteht aus 12 Ärzten, 12 Krankenschwestern, dem Bordpersonal und 6 Flugzeugen. Alle Maschinen sind Schweizer Spezialflugzeuge, die auf sehr kurzen Landebahnen starten und landen können und jedes für sich einen kleinen, aber voll ausgestatteten OP-Raum enthält, damit fast alle Arten von Operationen durchgeführt werden können. Transplantationen z.B. werden nicht durchgeführt, weil u. a. die unmittelbare Nachsorge auch in den Flugzeugen stattfinden müsste. Jedes Flugzeug kostet mit seiner gesamten medizinischen Ausstattung mehr 6 Millionen A$.

Der von Lexie empfohlene Shop, wo man Aboriginal Kunst und Musik-CDs erstehen kann, ist bereits seit 13:00 Uhr geschlossen und ist sonntags ebenfalls zu. Damit ist schon mal ausgeschlossen, dort etwas zu kaufen. Zu allem Überfluss haben sie dort auch noch Didgeridoos, wie ich eines suche.
Sch...eibenkleister, aber meine Geldbörse freut sich diebisch.
Bei dem Kurztrip durch die Fußgängerzone komme ich jedoch zu einem weiteren Laden, der Aboriginal Art anbietet. Dort werde ich doch noch fündig. Zwei Instrumente kommen in Frage. Beide sind

mit Klarlack behandelt und besitzen kleine, geschnitzte Verzierungen. Beide haben die Regenbogenschlange als Motiv. Obwohl eines eine kleine Macke am Luftaustritt hat, entscheide ich mich trotzdem für dieses. Erstens, weil es eine schönere Farbe hat und zweitens unten etwas auseinander geht (was einen schöneren Klang verspricht) und drittens (wahrscheinlich wegen der Macke) auch noch etwas billiger ist. Aber wenigstens ist der Schiffversand im Preis inbegriffen.

<Freu>, wie geht nun die Zirkulationsatmung? Später... Nun geht's zurück zum Hotel.

Gegen Abend werden wir mit einem Bus abgeholt und nehmen an einer Vorführung von Aborigines teil. Dazu wird ein 3-gängiges Abendessen mit Getränken serviert. Es ist sehr interessant, verschiedene Werkzeuge und Verhaltensweisen von ihnen selbst erklärt zu bekommen.

Bei ihren Tänzen versinnbildlichen die Aborigines zumeist ihre Beobachtungen von Tieren wie Känguru, Emu oder Keilschwanzadler, häufig sogar aus der Vogelperspektive gesehen.

Man merkt erst, wie vortrefflich sie das beherrschen, wenn man zum Vergleich Westeuropäer bei einem Imitationsversuch sieht.

Wobei man berücksichtigen muss, dass diese natürlich ohne Übung sind. Die Tanzdarbietungen darf man nicht filmen, aber immerhin fotografieren. Abschließend fahren wir mit dem Bus zurück ins Hotel.

I´m healthy but tired. But I got a Didge.

nach Tennant Creek

Devil Marbles

Kurz nach dem Start fahren wir in Alice Springs auf den Anzac Hill, von dem man eine gute Sicht über die Stadt und auf die MacDonnell Ranges hat. Weiter geht es zur Telegraphen Station, die sich in gutem Zustand präsentiert, als wäre sie gestern noch in Betrieb gewesen. Das ist nicht ganz verkehrt, weil jedes Jahr einige Honoratioren ein paar Tage dorthin kommen, um die Station aufleben zu lassen.

Anschließend geht die Fahrt zum Wendekreis des Steinbocks. Nördlich beginnen die Tropen, was man jedoch temperaturmäßig erst am nächsten Tag merken soll. Ti Tree ist der nächste Haltepunkt. Dort gibt es eine Galerie mit Aboriginal Kunst.

Nach einem weiteren Fotostopp gelangen wir zu den Devils Marbles, eine beeindruckende Anhäufung von runden Steinbrocken, geformt durch Wind, Sand und Regen. In der Überlieferung stellen sie die versteinerten Eier der Regenbogenschlange dar.

Devil Marbles

Am frühen Abend gelangen wir nach Tennant Creek, eine 3500 Seelengemeinde, wo es früher große Goldfunde gab.

Some bowls don´t roll.

Mo, 21. Aug 06　　　　　　　**17. Tag**　　　　　　　**701 km**

nach Katherine

Zur Abwechslung stehen wir mal wieder früh auf. Wecken war um 5:30 Uhr (angesagt war 5:45 Uhr). Wir müssen einmal mehr Strecke machen. 3 urige Haltepunkte: Three Ways, Renner Springs und Daly Waters. Alles sogenannte Roadhouses. Ich möchte lieber erst gar nicht wissen, wie hier abends die Post abgeht. Money for nothing and chicks for free? Mitnichten. Der Bierkonsum wird nicht in Tins oder Stubbies, sondern in Sixpacks gezählt.

Road Trains

Am Haltepunkt Renner Springs stehen drei Road Trains, die ich natürlich sofort fotografiere.

Im Daly Waters Pub essen wir zu Mittag. Das ist eine echte Buschkneipe, ähnlich wie Renner Springs. Es hängen intime Kleidungsstücke von der Decke, geleerte Bierdosen werden „sortenrein" gestapelt, die letzten Geldscheine oder -stücke fremdländischster Währungen werden offenbar in Naturalien getauscht oder auch jeden Tag Ufos gesehen.
Zur Klarstellung: Bis auf diejenigen Ufos auf den gesammelten Zeitungsausschnitten oder auf den angeblich authentischen Bildern habe ich weder Ufos gesehen, noch echte, kleine, grüne Männchen

zu Gesicht bekommen. Wahrscheinlich sehen sich die Trucker nach ihren Saufgelagen am nächsten Morgen nur mit grünem Gesicht im Spiegel und halten sich für die Brüder von E.T.

Nach weiteren zweieinhalb Stunden Fahrt kommen wir zum Elsay National Park und zu den Mataranka Thermal Quellen.
In den thermischen Quellen plantschen einige Leute. An einer Quelle stehen ein paar Daten: 16000 l pro Minute gelangen allein dort an die Oberfläche. Glücklicherweise bleibt uns der Gestank und das Geschrei von Millionen Fliegender Hunde erspart, denn die haben ihr Winterquartier bereits wieder verlassen. Der Palmenwald ringsum ist in einem erbärmlichen Zustand. Die Ausscheidungen der Fliegenden Hunde setzen den Bäumen sehr stark zu.
Wir fahren ein paar Kilometer weiter zu einer anderen Quelle, wo man nach Lexis Meinung ebenfalls sehr gut baden kann. Vor Ort angekommen, sieht es nicht mehr ganz so toll aus. Eine Schwimmerin erzählt Lexie, dass man sehr gut schwimmen könnte. Wenn man jedoch mit der Strömung einige Meter schwimmen würde, wäre es „a little bit smelly". Da mir die Zeit ohnehin schon ziemlich kurz bemessen scheint, 25 Minuten bis zum Treffen am Bus, habe ich die Quellen nur umwandert. Es stellte sich dann heraus, dass es an einigen Stellen kotzerbärmlich stinkt und nicht nur a little bit. Was da auch immer im Wasser ist, irgendwie sind die Aussies härter im Nehmen als wir Deutschen, obwohl es natürlich auch ein paar von uns wagen, Lexie ins Wasser zu folgen. Diese Quelle heißt übrigens Bitter Springs. Ob Nomen gleich Omen ist, kann ich nicht sagen, ich habe keinen Schluck genommen.

Zum Schluss fahren wir noch ca. 1 Stunde bis Katherine. Das Hotel ist „naja". Wir haben uns zum Buffet angemeldet. 28 A$ für ein 4 Gänge Menü, was sich dann auch als „naja" herausgestellt hat. Für dieses „naja" ist der Preis wohl eher „oho" und die Getränkepreise sind auch „neenee". Anschließend haben wir dann noch in kleiner Gruppe vor unseren Zimmern gesessen. Jeder hat mehr oder weniger Schiss, die ersten Plagegeister wie Fliegen, Mücken, Frösche, Kakerlaken, Schlangen oder kleine Echsen zu finden. Dafür ist es jedoch angenehm an der frischen Luft, trotz der vorgerückten Stunde. Tropisch halt.

Um zehn Uhr ziehe ich mich zurück, um meine Sachen vorzubereiten, Filme bereit zu legen und Akkus zu laden. Morgen wird noch mal eine halbe Stunde früher geweckt. Brrr...

There will be a time - night will be our day too.

Di, 22. Aug 06	18. Tag	519 km

Kakadu Nationalpark

Nach dem Frühstück, also so kurz vor dem Aufstehen, fahren wir ca. 60 km zum Reynoldsriver zu einer Bootsfahrt.

Wir durchfahren eine Schlucht, die zur Regenzeit innerhalb von ein paar Stunden um ca. 25 m im Pegel ansteigen kann. Es soll auch Süßwasserkrokodile geben. Außer ein paar älteren Spuren im Sand sehen wir nichts von den Tieren. Dafür ist die Landschaft umso schöner.

Anschließend fahren wir nach Katherine zurück zum Einkaufen. Wir decken uns mit Lebensmitteln ein und düsen weiter.

Nächste Station ist Pine Creek. Ein ziemlich verlassenes Nest, welches seine Blüte wohl zur Goldgräberzeit hatte. Immerhin gibt es einen kleinen Laden, der auch als Post Office fungiert und ich kann endlich meine Postkarten loswerden, die ich seit Tagen fertig geschrieben mit mir herum getragen habe. Irgendwie fehlte mir etwas Mut, die Karten in einen Postkasten der Hotels zu werfen. Warum, weiß ich nicht. Nachsendungen von Dingen, die Mitreisende liegen gelassen haben, funktionieren großartig. Lexie hat auch an dieser Organisation bestimmt großen Anteil, aber kümmert sie sich auch um jede meiner Postkarten?

Nach dem Essen haben wir sogar noch etwas Zeit (was für ein kostbares Gut) und besuchen daher noch das Kulturzentrum im

Kakadu Nationalpark. Es ist ganz interessant, und ich finde noch eine kleine Stoffmalerei, die schön zu den anderen Dingen passt.

Reynoldsriver

Am Nachmittag machen wir eine weitere Bootsfahrt. Wir befinden uns bereits im riesigen, fast 20.000 km^2 großen Kakadu NP. Der Name kommt nicht von den Papageienvögeln, sondern ist die englische Sprechweise für einen Aboriginal Stamm, „Gagudju".

Wir beobachten eine große Anzahl von Vögeln, die in dem seichten Wasser noch einen optimalen Lebensraum haben. In ein paar Wochen sind die seichten Stellen jedoch verschwunden, und die Vögel müssen zwangsläufig näher an die Flussarme heran, in denen wir tatsächlich Krokodile sehen können. Ein Prachtexemplar eines Salties namens Pluto bringt es auf ungefähr 5,5 m von Nasenspitze bis Schwanzende. Wenn der einmal zuschnappt, ist mein Bauch Geschichte. Ich dann aber auch, also besser nicht zu weit aus dem Boot lehnen. Ich weiß nicht, wann er seinen letzten Touri bekommen hat. Nach anderthalb Stunden geht die Bootsfahrt zu Ende. Ich

hätte noch stundenlang weiter beobachten können. Alle paar Meter gab es Neues zu entdecken. (Yellow Water)
Und schon geht es wieder weiter. Wir machen noch einen kleinen Spaziergang am Nourlangie Rock, wo wir einige Felsenmalereien von Aborigines sehen können. Zum Schluss des Tages folgt eine weitere Stunde Busfahrt, bis wir nach ungefähr 11 Stunden Fahrt an unserem Ziel (Aurora Resort & Hotel) ankommen.
Das ist mit Abstand die bisher schlechteste Unterbringung, obwohl die letzten beiden Nächte auch schon nicht gerade toll waren.

Some things getting worse all the time.

Mi, 23. Aug 06   **19. Tag**   **430 km**

nach Darwin

Heute ist um 7:00 Uhr Frühstück, demnach also um 7:45 Uhr Abfahrt. Zunächst fahren wir zum Ubirr Rock. Dies ist ein kleines Felsenmassiv, wo wir einen kleinen Spaziergang unternehmen. Dabei haben wir einige bis zu 6000 Jahre alte Höhlenmalereien von Aborigines gesehen und erklärt bekommen.
Zuvor habe ich ein paar kleine Bergkängurus erspäht, die sich total geschützt auf einem kleinen Felsvorsprung in der Morgensonne wärmen. Der Höhepunkt war aus meiner Sicht jedoch ein Plateau, von dem man aus einen 360^0 Grad Rundblick über den Kakadu NP genießen kann. Danach haben wir ein weiteres Cultural Centre besucht. Dieses war meines Erachtens sehr schön aufgebaut und bot interessante Informationen über die Ureinwohner und ihr Umfeld. Anschließend kommen wir an einem Feld mit Kathedralen-Termitenhügel vorbei. Termiten gehören zu den Schaben und sind nicht mit Ameisen verwandt.
Die Hügel sind gut und gern bis zu 7 m hoch. Dann war Mittagszeit und wir sind in einem Roadhouse eingekehrt, Zum Gelände gehört ein kleiner Bereich, in dem ein paar Schweine, ein Frischwasser-Krokodil (Fred the Freshy) und ein Salti (Brutus) gehalten werden. Die

beiden machen jedoch Siesta und starren mich nur müde an. Will ich denen aber auch geraten haben, ich bin nämlich nicht nur dick, sondern auch ein zäher, alter Grufti.

Felsenmalerei

Bevor wir zum Hotel in Darwin gebracht werden, machen wir noch eine Bootsfahrt, wo Krokodile nach Futter schnappen und dabei bis zu den Hinterbeinen aus dem Wasser schießen sollen. Das Futter wird ihnen vom Boot aus an kleinen Seilen an einer Angel hingehalten. Insgesamt fand ich die Vorstellung etwas enttäuschend. Abschließend machten wir noch einen Stopp bei magnetischen Termitenhügeln. Ich finde die Bezeichnung eigentlich falsch. Die Termiten richten die Hügel nur nach den Windrichtungen aus, so dass die Breitseiten nach Osten und Westen ausgerichtet sind, während die Nord-Südseite ganz schmal ist. Die Termiten erreichen durch die Ausrichtung eine gleich bleibende Erwärmung über den ganzen Tag.

Das Hotel Mirambeen Resort Darwin macht zunächst einen guten Eindruck. Die Zimmer sind geräumig, Doch der Service im Restaurant lässt schon sehr zu wünschen übrig. Aber nach der wirklich dürftigen Unterkunft von gestern sind wir Schlimmeres gewöhnt.

Custom is king. Not everywhere.

Do, 24. Aug 06   20. Tag
Darwin

Ein Tag zur freien Verfügung, ein seltenes Ereignis. Zunächst fängt er damit an, dass man sich einen Tisch zum Frühstück frei räumen muss. Dann stehen verschiedene Dinge wie z.B. eine Gabel oder auch Kaffee zunächst nicht zur Verfügung. Und damit habe ich „den Kaffee auch schon ziemlich auf", aber mehr in Gedanken. Also wirklich, dieser Service im Hotel ist das Allerletzte. Entweder man mag keine Deutschen, oder man boykottiert unseren Veranstalter auf Kosten der Gäste.
Nach Beendigung des frustrierenden Ereignisses erkunde ich die Stadt. Der eigentliche Innenstadtbereich mit seiner Mundle Mall ist recht überschaubar. Obwohl ich einen Stadtplan habe, brauche ich dennoch mehrere Anläufe, um ein bestimmtes Geschäft zu finden. Es scheint fast so, als hätte ich meinen Orientierungssinn verloren. Alterserscheinungen? Am Ende finde ich den Laden doch noch, aber was ich dort kaufen möchte, gibt's nicht mehr. Zum Ausgleich finde ich in einer Aboriginal Art Gallery einen schönen Boomerang, den ich auch kaufe.

Anschließend schaue ich mir noch die Esplanade an, die einen schönen Blick aufs Meer und die Bucht zulässt. Da wir abends auf den Mindil Beach Sunset Markt wollen, der nur in den Wintermonaten und donnerstags aufgebaut wird, gehe ich zurück ins

Hotel, weil ich noch bügeln muss. Doch die Wäsche, insbesondere die Jeans, sind noch ziemlich nass. Also trocken bügeln, das gehört immer noch nicht zu meinem Hobbies, aber ich möchte wenigstens saubere Sachen in der tropischen Zone und für den letzten Teil der Reise haben. Zwischendrin werde ich vom Zimmerservice gestört. Mit vier Personen haben sie es bis ca. 15:00 Uhr nicht geschafft, die Zimmer in einem Stockwerk zu reinigen. Der Reinigungswagen stand immerhin bereits seit dem frühen Morgen auf der Etage und aus einem Zimmer kamen auch bereits Reinigungsgeräusche. Auch das bekommt man in diesem Hotel nicht organisiert, eine große Chance für QM (Qualitätsmanagement)!

Am Abend fährt uns ein Bus für 3 A$/Person zum Markt, „dascha mol prreiswört". Dort gibt es viele Warenstände und noch mehr verschiedene Fressalien. Ich erstehe das unbedingt notwendige Krokodilband mit den Krokodilzähnen. Crocodile Dundee hat aber mehr Falten im Gesicht als ich!!
Außerdem erstehe ich noch eine CD von der Gruppe Jabaru, die sehr schön live auf dem Markt spielen. Die Musik ist stark percussion- und didgeridoolastig und gefällt mir sehr gut.
Die Fressstände sprechen mich weniger an, da es sich in erster Linie um asiatische Spezialitäten handelt, andere Marktbesucher sind aber sicher gut gesättigt ins Hotel zurückgekehrt.
Es gibt zwar auch anderes, aber ich werde abends in einem Restaurant und im Sitzen speisen. Zwischenzeitlich habe ich ein wunderschönes Erlebnis.

Als die Sonne untergehen möchte, suche ich mir an der Küste einen stillen Platz und baue dort meine Kameras auf. Es ist ein besinnlicher, wunderschöner Sonnenuntergang. Um halb acht fahre ich zurück ins Hotel und gehe danach zum Essen. Kurz nach 22:00 Uhr bin ich zurück im Zimmer, bügele die restlichen Sachen trocken und packe zum Schluss den Koffer. Ich bin damit bis nach Mitternacht beschäftigt und mir bleibt nur eine kurze Nacht bis zum Wecken um 3:30 Uhr.

Lifetime´s too short to sleep a whole night.

nach Cairns

Obwohl ich weniger als 3 Stunden geschlafen habe, werde ich tatsächlich kurz vor dem Weckruf wach. Ich gehe ins Badezimmer, um möglichst schnell die restlichen Sachen in den Koffer zu packen, denn dieser wird bereits um 4:00 Uhr abgeholt, wenn er denn vor der Türe steht. Mit dem Frühstück, welches in einer Schachtel am Vortag in den Zimmerkühlschrank gestellt wurde (merkwürdig, dieser Service funktioniert oder man ist froh, wenn man uns möglichst schnell wieder los ist), habe ich jedoch Probleme. Ich bin einfach noch nicht richtig wach. Also Essen fällt aus.

Ich bin rechtzeitig in der Lobby. Der Transfer geht problemlos und auch der Check In am Airport wird ohne besondere Vorkommnisse durchlaufen. Hier hatte ich schon einige Bedenken, denn erstens wiegt mein Koffer über 27 kg, zweitens wegen erhöhter Sicherheitsüberprüfungen. Es gibt detonierende Vorkommnisse in London Heathrow. Doch das erweist sich als unbegründet. Hoffentlich geht das beim Heimflug genauso problemlos. Bei dem zweistündigen Flug fallen mir immer wieder die Augen zu.

Check Out in Cairns. Bus entern, alles geht zügig über die Bühne. Die Gruppe sitzt vor 9 Uhr in einem luxuriösen Bus, mit echten Ledersitzen und Parkett unter den Füßen! Aber diesen Bus haben wir nur heute. Andererseits müssen wir noch die Zeit bis 14:00 Uhr rumkriegen, weil wir erst dann in die Hotelzimmer können.
Wir besichtigen den Botanischen Garten und eine tropische Regenwaldanlage mit mehreren Klimazonen. Allerdings hat im März ein Zyklon dem Regenwald erheblichen Schaden zugefügt.
Anschließend machen wir Halt an einem Einkaufcenter, um uns mit frischen Lebensmitteln zu versorgen. Damit haben wir die Chance für einen kleinen Imbiss bekommen.

Botanischer Garten in Cairns

Weil danach immer noch Zeit um die Ecke gebracht werden muss, wie Lexie sich ausdrückt, besuchen wir noch eine Bungee Jumping Station. Ich finde es zwar interessant zu sehen, aber doch als irgendetwas, was die Welt nicht wirklich braucht. Wir erleben einen Swinger und einen Jumper! Aber stopp, das ist nichts Sexuelles.

Dann geht's ins Hotel, obwohl wir immer noch zu früh ankommen. Also erhalten wir ein kleines Begrüßungsgetränk, was wir noch mit einem anschließenden Cocktail verschönern. Zwischendrin bringe ich mein Handgepäck schnell aufs Zimmer. Außerdem möchte ich leichtere Kleidung anziehen. Bei 27^0 C in tropischem Klima machen sich meine Wanderstiefel, die winddichte Jacke und die lange Jeans nicht so gut.
Nach dem Cocktail gehe ich wieder aufs Zimmer. Ich wollte mich eigentlich nur fertig machen, um die Gegend zu erkunden. Doch auf einmal übermannt mich die Müdigkeit. Also lege ich mich aufs Bett und schlafe sofort ein.

Am Abend nehme ich noch am Buffet des Hotels teil. Zunächst etwas widerwillig, da die meisten organisierten Essen der Reise nicht so toll waren. Doch hier ist es anders. Es gibt ein wirklich gutes Seafood Buffet. Nach dem schlechten Service in Darwin empfinde ich die Aufmerksamkeit des Personals als Wohltat. Nach dem Essen ziehe ich mich auf mein Zimmer zurück und bereite meine Sachen für morgen vor. Denn Weckzeit ist um 5:45 Uhr.

Tomorrow will be snorkeling time.

Sa, 26. Aug 06   22. Tag
Great Barrier Reef

Wieder so ein Tag, der große Erwartung in sich birgt. Great Barrier Reef, das größte „Lebewesen" auf der Erde. Die Ausmaße des Riffs sind so groß, dass man es sogar aus dem Weltall erkennen kann. Scheinbar geht es den anderen mit der Erwartung ebenso, denn obwohl ich 5 Minuten vor Abfahrt am Treffpunkt erscheine, erhalte ich manch bösen Blick, weil ich heute mal der Letzte bin.

Es geht mit dem Bus zum Hafen von Cairns. Ich bekomme einen Riesenschreck, als ich um die letzte Häuserecke gehend einen freien Blick auf die Mole bekomme. Dort tummeln sich Tausende von Leuten, die alle das Riff besichtigen und dort vermutlich schnorcheln gehen wollen. Es ist jedoch halb so schlimm. Offenbar haben die Skipper das Revier gut eingeteilt. Jedes der Boote fährt eine andere Sandbank an.

Nach rund 2,5 h Fahrt erreicht der Katamaran mit ungefähr 200 Leuten an Bord „unsere" Insel. Wir haben vorher unsere Schnorchelausrüstung erhalten. Es gab für 5 A$ einen kleinen Taucheranzug, den ich mir jedoch spare. Das Wasser soll 24-25^{0}C warm sein, außerdem bin ich gut geschmiert. Ich besorge mir dann aber noch eine Weste, die einen beim Schnorcheln durch Auftrieb unterstützt. Mein körpereigenes Fett reicht vielleicht nicht, weil die kleine one-way camera so schwer ist! Wie erwartet hatte ich wieder meine mir bekannten Probleme mit dem Atmen. Ich wollte schon fast abbrechen, da ging's auf einmal immer besser.

Great Barrier Reef

Als ich dann die Unterwasserwelt das erste Mal richtig erkennen konnte, bin ich total fasziniert. Innerhalb von ein paar Minuten habe ich bereits alle Bilder der Unterwasserkamera verschossen. Mal sehen, was dabei rauskommt. Jetzt lege ich mich noch eine knappe Stunde an den Strand in die Sonne.

Wenn ich vorher schon so viel von diesen „Ungeheuern" gewusst hätte, wäre ich vermutlich nicht Schnorcheln gegangen. Es geht aber alles gut aus.

Irukandji-Qualle (20-30 mm, 10 – 20 cm lange Tentakeln, bisher kein Gegengift gegen das Gift in den Nesselzellen, werden bei Hautkontakt mit 150 bar herausgeschleudert)

See-Wespe (Würfelqualle, Box Jellyfish, 30cm, bis 10m lange Tentakeln, Gift reicht um 250 Menschenleben auszulöschen)

Mittags geht es zurück aufs Boot und es wird ein wenig geluncht. Dann ist es Zeit, die Korallenwelt von einem Unterwasser Semi Sub anzuschauen. Das ist etwas enttäuschend, weil das Wasser doch recht trübe ist. Vielleicht kann ich mit der Bildbearbeitung etwas mehr rauskitzeln.

Danach beginnt die Rückfahrt mit dem Katamaran. Zwischendurch wird der Motor für eine Stunde ausgemacht, Segel gesetzt, der auf einmal incognito gekleidete Captain greift zur Klampfe und singt ein wenig Seemannsgarn. Alles in allem ein wunderschöner Tag, den ich abends mit einem schönen Essen in Palm Cove ausklingen lasse.

Oh my gosh, what a beautiful day!

So, 27. Aug 06   23. Tag

Kuranda

Das nächste Highlight - Tagesausflug nach Kuranda. Um 9:00 Uhr geht´s los (welche Wonne, nicht so früh aufstehen zu müssen). Wir fahren mit dem Bus zu einem kleinen, beschaulichen Bahnhof.

Kuranda Scenic Railway Station

Die Bahnstrecke wurde vor ca. 100 Jahren für und von Minenarbeitern gebaut. Und zwar in Handarbeit ohne Maschinen, d.h. nur mit Spitzhacke und Schaufel. Eine tolle Leistung! Die Bergstation ist ein wahres Kleinod.
Doch wir wandern ohne Umschweife zur Bergstation der Skyrail. Das ist die längste Seilbahn der Welt, soll heißen, mit dem längsten Seil aus einem Stück. Über 7,5 km und mehreren Stationen geht es wieder ins Tal. Wir besorgen uns zunächst nur die Tickets für die

Rückfahrt, weil wir uns anschließend trennen und jeder auf eigene Faust losziehen kann.

Kuranda Scenic Railway

Zuerst zeigt uns Lexie jedoch noch die wichtigsten Punkte im Dorf. Neben einer Unzahl von Buden und Geschäften gibt es drei Tierparks. Einen mit Schmetterlingen, einen mit Vögeln und einen mit Koalas. Damit ich auch noch andere Dinge sehen kann, entscheide ich mich wie die meisten „nur" für den Koala-Park. Dort kann man gegen Bares ein Bild von sich mit einem Koala auf dem Arm machen lassen. Mache ich zwar nicht, aber ich nehme einige Leute aus unserer Gruppe auf. Dafür weiß ich nun, was das Wort „Koala" in Aboriginal Sprache bedeutet: „Trinkt nicht". Weil der Koala die Flüssigkeit ausschließlich aus der Nahrung holt.
Anschließend wandere ich 3-mal den Ort rauf und runter, erleichtere mein Konto um ein paar weitere Geldscheine, esse noch eine Kleinigkeit, um mich dann bereits wieder auf den Weg nach unten zu machen.

Der erste Zwischenhalt ist optional. Optional deshalb, weil das Seil der Bahn durchgeht, aber man dennoch aussteigen kann, um zu Fuß 3 Lookouts des Barron Falls zu besichtigen.

Im Koala Park

Bei der Umsteigestation kann man einen Spaziergang durch den Regenwald machen. Dazu habe ich aber keine Zeit, wenn ich unten noch einen Blick in das Tjapukaij Centre machen möchte. An der Talstation reicht es gerade noch für einen kurzen Besuch des Aboriginal Information Centre. Da der Eintritt 36 A$ kostet und ca. 2,5 h in Anspruch nehme würde, schaue ich nur kurz in den Souvenirshop.

Kuranda Bergbahnhof

Dann bringt uns der Bus auch schon wieder zurück ins Hotel, wo wir unser Abschiedsbuffet um 19:00 Uhr einnehmen. Einige verlassen uns. Ab Morgen sind wir noch 17 Personen in der Reisegruppe. Mit ein paar Gläsern Wein klingt der Abend schön aus.

Riding on the track and flying over the rainforest.

nach Airlie Beach

Heute gibt es keine Sehenswürdigkeiten. Wir sind durch den Ort Innisfails gefahren, wo im März 2006 der Zyklon am stärksten gewüstet hat. Sonst gibt es nur technische Stopps, ein Zuckerrohr-feld ausgenommen. Sie sind schon mächtig hoch, diese Stangen mit dem süßen Gift, so an die 5,5 bis 6,0 m. Die Strecke führt über Townsville, Hardwell, Ayr, Boven und schließlich Airlie Beach.
Wir beziehen schnell unsere Zimmer. Nicht nur der Raum und das Ambiente, sondern auch der Blick vom Balkon ist eine Wucht. Abends gehen wir in einer kleinen Gruppe zum Essen. Wir entscheiden uns nach einem Tipp in meinem Reiseführer für KCs. Das war ein guter Tipp - Es ist ja auch mein Buch!

Blick aus dem Zimmer in Airlie Beach

This is the best hotel of the whole trip, ya know!

Di, 29. Aug 06   25. Tag

Whitsunday Islands

Ziel des fakultativen Ausflugs sind heute 2 Inseln. Hamilton Island und Whitsunday Island. Der Transfer Bus verspätet sich um mehr als 10 Minuten. Danach werden noch einige andere Hotels abgeklappert. Nachdem Lexie die Tickets besorgt hat, übergibt sie mir diese und verabschiedet sich. Sie hat heute frei. Nun habe ich den Salat und darf Touriflöhe hüten!

Zunächst steuert das Schiff nach einem Zwischenstopp Hamilton Island an. Hier gibt es eine Anzahl von Hotel Resorts, die gerne von Aussies für Kurztrips genutzt werden. Durch einen eigenen Flughafen wird dies erleichtert. Wir haben $1\frac{1}{4}$ h Zeit, uns ein wenig umzusehen. Man kann für 40 A\$ ein Island Buggy mieten. Sieht aus wie ein Golf Buggy, hat aber 4 Sitze. Zu viert mieten wir eines und düsen schnellstmöglich los. Was man so düsen nennt. Bergrunter, mit Rückenwind und dank der Pfunde von Volkmar und mir komme ich mir vor wie Schumis Großneffe. Nun bewege ich mich doch fahrenderweise im Linksverkehr. Wir schaffen es in knapp 1 Stunde, die malerischen Punkte aufzusuchen und kehren rechtzeitig zurück.

Wir sammeln uns an der Pier und gehen wegen unseres Gruppentickets geschlossen wieder an Bord. Dann gibt's ein Buffet, was aber in Aussiesprache Nord *baffey* ausgesprochen wird. Es ist ganz lecker. Solange die hungrigen Touris verköstigt werden, fährt das Schiff nur langsam. Anschließend nimmt es wieder volle Kraft voraus. Das war recht angenehm, wahrscheinlich hat man aber nur nicht genügend Tüten an Bord.

Auf der Insel werden wir mit einem kleinen Boot partieweise übergesetzt. Wir müssen vorher bereits Schuhe und Strümpfe ausziehen, weil wir zwei Schritte durchs Wasser müssen.

Ein herrlicher Sandstrand liegt vor uns, ganz weiß aus Silikat, der selbst bei massiver Sonnenbestrahlung nicht heiß wird, ganz fein und bei jedem Schritt quietschend. Ich gehe sofort ins Wasser. Ist mit 22^0 C ein wenig frisch, aber toll. Die Farben sind prächtig.

Allerdings sind wir nur gut 2 Stunden hier. Nach dem Bad noch ein wenig in der Sonne liegen, dann wird's schon wieder Zeit die Sachen zusammen zu packen. Für einige ist die Sonnenbestrahlung auch sehr gefährlich, weil kein noch so kleiner Schatten zur Verfügung steht. Ohne Schutz und Schatten kann selbst normale Haut in zwanzig Minuten Verbrennungen dritten Grades bekommen. Also Rücktransfer aufs Schiff und zurück geht's. Ich bin erleichtert, als ich die Verantwortung für die Gruppe wieder abgeben kann, obwohl alles gut funktioniert hat und es mir alle Ausflügler wirklich leicht gemacht haben.

Whitsunday Island Beach

Ein schöner Tag. Abends wird noch einmal bei KCs gegessen. Diesmal wird sogar gute Life Musik gespielt. Zum Schluss noch einmal schlafen und das meiner Meinung nach beste Hotel der Rundreise genießen. Da gibt's kaum noch eine Steigerungsmöglichkeit.

Lay down, relax and enjoy!

nach Rockhampton

Irgendwie ist heute ein mieser Tag. Es geht heute nach Rockhampton. Zu sehen oder zu besichtigen gibt es nicht viel. Also mal wieder in erster Linie von A nach B. Lexie zeigt uns einige Videos, spielt eine CD und gibt einige Hintergrundinformationen. Sie wirkt jedoch ein wenig konfus. Doch das ist alles nicht schlimm. Schlimm finde ich, was uns C&E Tours mit unserer heutigen Station zumutet.

Üppige Flora an der Ostküste

Das Hotel gefällt mir gar nicht. Im Outback hätte ich vielleicht noch Verständnis gehabt. Aber hier an der Ostküste? Notdürftigst reparierte und modernisierte Zimmer, trotzdem müffelt es feucht, ich bekomme Allergieprobleme. Es dauert nicht lange und ich finde Schimmel in den Ecken. Aber am schlimmsten ist unser gemeinsames Abendessen. Zum einen werden wir in einem separaten Raum gewiesen. Ich komme mir vor wie jemand, der unter Quarantäne gehalten wird. Die 3 Tische stehen so blöd im Raum, dass man aufgrund der Beleuchtung nur an einem Tisch sehen kann, was man isst. Wahrscheinlich steckt da wohlweislich Absicht dahinter.

Die Vorspeise war noch ganz OK. Der Hauptgang von den Tischnachbarn ist fast ungenießbar. Mein Essen geht noch halbwegs. Der Nachtisch ist schon etwas seltsam.

Ich bin froh, als wir die Runde aufheben. Ich habe auch keine Lust mehr auf Gesellschaft, irgendwie bin ich ziemlich angeekelt. Ich muss noch die Sachen für Fraser Island packen, denn wir sollen nur eine kleine Tasche mitnehmen und den Koffer im Bus lassen, damit der Transfer schneller vonstatten geht. Einige haben sich geweigert, aber ich habe ja noch die kleine Tasche und hoffe, da alle Utensilien für sämtliche Unwägbarkeiten unterzubringen.

Ich haue mir die MP3 Stöpsel in die Ohren, dreh die Lautstärke auf und versuche trotzdem, möglichst schnell zu schlafen, damit ich ganz schnell hier wieder raus komme. Das ist für mich mit Sicherheit kein 3-Sterne-Hotel und damit die niedrigste Kategorie, die uns vertraglich zugesagt wurde. Eher ein „Minus-3" Sterne Hotel.

Livin´ isn´t easy anytime.

Do, 31. Aug 06   27. Tag   451 km
nach Fraser Island

Das Frühstück hält, was das Abendessen versprochen hat. Igittigitt, noch nie habe ich mich so auf unseren ersten technischen Stopp des Tages gefreut. Die Strecke von Rockhampton bis Hervay Bay bietet rein gar keine Abwechslung.

Nach zwei Stunden müssen wir fahrerbedingt eine Pause einlegen. Aber es gibt nicht viel zu sehen, es regnet und alle wollen lieber weiter. Rockhamptons Nobelklitsche wirkt noch nach und das Wetter macht es uns auch nicht leicht.

Es regnet immer wieder. Nach der erforderlichen Pause springen alle schnell wieder in den Bus und es geht weiter. Damit Lexie uns bei Laune hält, holt sie ihre letzten Videos und Informationen raus.

In Hervay Bay kommen wir pünktlich an, bezahlen unsere Tickets für den morgigen Ausflug und dann geht es auf die Fähre. Während der Überfahrt zieht es sich komplett zu und Australien zeigt uns, zu welchem Regen es fähig ist.

Wahrscheinlich ist das nur ein lauer Vorgeschmack auf die Regenzeit, aber mir reichts völlig. Ich wandere ein paar Meter durch das Resort und werde klatschnass.

Wohnidyll

Mit zwei oder drei Regentropfen bekäme man eine Tasse voll. Ich bin gespannt, ob ich das wieder trocken kriege, denn wir befinden uns im subtropischen Regenwald auf Fraser Island.

Wegen des Regens entscheiden wir uns im Hotel à la carte zu essen, obwohl es in dessen Restaurant teuer sein soll. Aber das Preis-Leistungsverhältnis ist richtig gut. Das Essen könnte sogar als Haute

Cuisine durchgehen und den Rotwein würde ich liebend gerne ein weiteres Mal verkosten. Wir sitzen anschließend nicht mehr lange zusammen, da wir ausnahmsweise relativ früh aufstehen müssen. Ist ja mal was ganz Neues!

I´m not dancin´ in the rain.

Fr, 1. Sep 06   28. Tag
Fraser Island

Nach dem Frühstück kurz die Sachen für den Tag zusammenpacken. Das ist nicht einfach, da ich vom Badezeug bis zur warmen Jacke bestückt sein muss. Treffpunkt ist an der Tankstelle des Resorts. Lexie schafft es sogar, nach langem Hin und Her, dass die eigentlich für unseren Bus bestimmten englischsprachigen Mitfahrer auf einen anderen Bus verteilt werden und sie auch noch bei uns mitfahren kann. Damit kann sie uns die Erklärungen in deutscher Sprache geben, die der Ranger für uns bereithält. Der Ranger erzählt zwar sehr langsam und super deutlich, so dass ich ihn hervorragend verstehen kann. Trotzdem ist es besser, dass Lexie übersetzt, weil einige aus der Gruppe überhaupt kein Englisch verstehen, sonst müsste einer von uns übersetzen.

Der Allradbus schaukelt uns und stuckt und ruckt, dass das Frühstück seine Freude über die unerwartete Morgengymnastik hat, aber es wird niemandem schlecht. Wir bekommen sogar Verhaltensregeln, weil sonst durch die Schüttelei Verletzungsgefahr besteht. Zunächst fahren wir zur Ostküste der Insel.
Am Strand geht es sehr zügig voran, da dieser als Highway benutzt wird! Nicht nur das, es gibt einen Strandbereich, der als Landebahn für kleine Flugzeuge benutzt wird. Dann müssen die Autos stehen bleiben. Die spinnen die Aussies - Airplane meets car.

Wir halten als erstes am Eli Creek, ein Bachlauf, der ins Meer mündet. Weiter geht's nach Norden zu den farbenprächtigen Pinnacles, fast zu Felsen gepresstem Sand.

Fraser Island

Auf dem Rückweg halten wir beim Wrack der Maheno an, ehemals ein prächtiges Kreuzfahrtschiff, das hier bei einem Schleppvorgang durch einen Zyklon vom ziehenden Schiff getrennt und auf den Strand geschwemmt wurde.

Es geht weiter zum Mittagessen in ein weiteres Resort. Ziemliche Massenabfertigung, das Essen ist einfach aber lecker. Anschließend fahren wir an eine Stelle, wo wir einen Spaziergang durch den Regenwald machen. Zwischendrin erklärt uns der Ranger immer wieder interessante Dinge über und von der Sandinsel. Fließendes Wasser ist hier z. B. völlig geräuschlos, weil es keine Steine gibt. Und es stimmt tatsächlich, wenn keiner von uns schnattert (kommt selten vor!), hört man ... außer vielleicht Blätterrauschen ... nichts. Ein bisschen unheimlich. An einem Punkt verlassen uns die beiden Ranger Carl und Greg, um den Bus zu holen und die Gruppe soll noch weitere 1,8 km durch den Regenwald wandern. Das sind mir zwei, sie fahren Auto und wir latschen durch den nassen Sand. Gegen Ende fängt es wieder an zu regnen. Ich bin mutig und habe die Regenjacke im Bus gelassen. Hätte ich sie an, wäre ich aber mindestens genau so nass... von innen.

Sandberge 'The Pinnacles'

Nach einer kurzen Fahrt kommen wir zum Lake McKenzie. Meine Güte ist der blau. Wir haben sage und schreibe 40 Minuten, um dorthin zu gehen und wieder zurück zu kommen, möglichst noch die Toilette aufzusuchen und evtl. auch schwimmen zu gehen, einschließlich aus- und anziehen und zwischenzeitlichem Abtrocknen. Und ... es regnet! - Relax and enjoy ...
Ach ja, ich vergaß, es gibt noch einen kleinen Imbiss. Ich verzichte aus Zeitgründen darauf. Stattdessen ziehe ich mich in aller Ruhe wieder um und mache lieber noch ein paar Bilder, bevor es zurück ins Resort geht.

Walk, look, take a snap, leave a few prints and go.

nach Brisbane

Nach der Rückfahrt mit der Fähre machen wir die letzte Fahrt mit Damian, unserem dritten Busfahrer. Wir machen nur zwei Stopps. Ein technischer und einen in Noosa, einem Küstenstädtchen an der Sunshine Coast. Es ist richtig Trubel dort.

Neuseeländischer Weihnachtsbaum

Viele junge Leute und Surfer, als würde heute die Saison angesurft. Das Wetter ist aber auch traumhaft. Ich wandere am Strand ein wenig in Richtung First Point View und sehe schöne Ausblicke auf Küste und die hohe Brandung. Erwischen die Surfer eine Welle, dann bekommen sie richtig Fahrt drauf.

Ich kann mir gut vorstellen, dass das ein tolles Gefühl ist, wenn man es denn kann. Die Geschwindigkeit sieht man erst richtig, wenn man auf Höhe der Welle steht und die Welle und der Surfer sich entfernen. Danach wandere ich zurück zum Strand, schaue mir dort ein wenig das Treiben an. Aber in meiner langen Hose ist es mir zu warm und ich biege zur Einkaufsstraße ab. Hier ist noch mehr Trubel. Wahnsinn, was für Menschen. Sind heute alle 23 Mio. Aussies plus Touris in Noosa?

Das ist mir alles zu hektisch und ich wandere zurück zum Bus. Es ist eh langsam Zeit und ein bisschen wehmütig wird mir schon.

Vom Highway aus können wir noch einige kurze Blicke auf die Glashaus Berge werfen.

Noosa Beach

In Brisbane tanzt heute der Bär. Es ist Festival-Wochenende, so dass alle Strassen verstopft oder sogar gesperrt werden. Den zugesagten Aussichtspunkt können wir deshalb gar nicht anfahren. Also doch direkt zum Hotel.

Ein letztes Mal aus dem Bus. Ungefähr 150-mal rein und wieder raus, zusätzlich 50-mal morgens und abends haben wir das nun getan.

Nach längerer Wartezeit erhalte ich den Zimmerschlüssel. Eine Viertelstunde später treffen wir uns zu viert im Foyer und wollen einen Gang in die Stadt unternehmen, damit wir wenigstens noch ein wenig von Brisbane sehen. Aber auch hier ist enormer Trubel. Alles strömt Richtung Fluss, weil dort kurz nach 17 Uhr ein Festprogramm beginnt, welches mit einem Feuerwerk in der Dunkelheit seinen Höhepunkt hat.

Auf einer Brücke kann man den Trubel gut beobachten. Auf dem anderen Uferstück stehen Tausende offenbar seit Stunden und warten auf das nahende Ereignis. Merkwürdig, sind uns die Leute von Noosa aus alle hinterher gefahren?

Brisbane

Wir wandern noch ein wenig durch die Strassen und gegen halb sechs machen wir uns auf den Rückweg zum Hotel. Nach einer Dusche und einem plötzlichen Riesengetöse von Militärflugzeugen, die mehrfach über das Hotel und die Stadt hinwegdonnern, als wäre der nächste Weltkrieg ausgebrochen, treffe ich die Reisegruppe ein letztes Mal im Foyer bzw. an der Bar. Anschließend essen wir zu fünft im Hotelrestaurant, weil keiner mehr den erneuten Weg ins Zentrum machen möchte, obwohl es im Hotel relativ teuer ist. Das Essen ist dafür aber richtig lecker. Ein krönender Abschluss einer Wahnsinnsreise mit vielen tollen und wenigen schlechten Erinnerungen. Abends packe ich dann ein letztes Mal den Koffer. Gegen Mitternacht gehe ich ins Bett. Den Rest kann ich auch am nächsten Tag erledigen.

Nice days are leaving faster than bad days.

So, 3. Sep 06   30. Tag
Rückflug

Heute ist Abreisetag. Unternehmen kann ich nichts mehr, da der Transfer zum Flughafen recht zeitig ist. Einige der Mitreisenden treffe ich noch einmal im Frühstücksraum. Das Taxi zum Flughafen holt uns fast eine halbe Stunde vor der vereinbarten Zeit ab. Können die Australier es kaum erwarten, mich wieder los zu werden? Auf meine Frage antwortet der Fahrer, nein, er wäre nur nicht sicher, ob wir staufrei zum Airport kommen. Aber wir kamen absolut störungsfrei durch und waren dann so früh am Check In, dass dieser noch gar nicht geöffnet war. Vielleicht hatte der Fahrer nur noch was anderes vor. So habe ich aber jede Menge Zeit, die restlichen Aussie-Dollars optimal zu verschleudern, bevor es in den Flieger und auf den langen, langen Flug zurück in die Heimat geht.
Oh Mann, so lange geplant, mehr als 4 Wochen Zeit und jetzt … ssscchhooon alles vorbei.

Don´t dream it´s over, Mate.

Mo, 4. Sep 06 **31. Tag**

Ankunft zu Hause

Zwischenlandung wieder in Singapur. Diesmal allerdings mit 3 Stunden Zwischenaufenthalt. Während des Landeanflugs bekomme ich recht starke Ohrenschmerzen, weil sich der Druck aufgrund einer Erkältung nicht ausgleicht. Nun kann ich die Leute verstehen, die sich darüber beklagen. Solche Probleme hatte ich noch niemals. Erst als die Maschine nach dem Start wieder annähernd die Reiseflughöhe erreicht hatte, normalisierte sich der Ohrendruck wieder. Bei der Landung in Frankfurt war es etwas besser. Nur ein Ohr war etwas taub. Es lief eigentlich alles glatt. Die Grenzschützer waren alle noch ein bisschen verschlafen. Bei der Ausreise Sicherheitskontrollen ohne Ende. Bei der Einreise alles ziemlich lasch. Hoffentlich lesen das keine Terroristen. Deutschland, du hast mich wieder. Das schlechte Wetter allerdings auch. Seltsam, in Australien gab es auch hin und wieder Schauer. Das hat mich nie richtig genervt, außer dem Duschregen auf Fraser Island vielleicht. Hier ist es sofort ätzend. Könnte es sein, dass dies an mir liegt??

ENDE